ちょっとの
丸暗記で外食レベルの
ごはんになる

クックパッド 編集担当本部長
小竹貴子

日経BP

はじめに

「私、料理が得意です」こういう風に言える人って、どういう人でしょうか。もともと料理好きで、料理をすること自体を面倒だと思ったことがないような人でしょうか。

はじめまして、小竹貴子と申します。初期メンバーとしてクックパッドを立ちあげたのち、現在、ブランディング・編集の担当本部長として働いています。クックパッドに投稿されているレシピは国内では約３２０万品（２０１9年12月31日現在）。現在まで、クックパッドのレシピなら、日本でいちばん見ていると勝手に自負しています。私は料理が大好きで、得意です。

でも、20歳半ばをすぎるまでほとんど料理はしてもいませんでした。面倒すぎて、どうにかして手を抜こうと思っていました。それが、今では料理を苦だと思うことがなく、「得意なものは料理です」と自信を持って言っ

ています。

それは、クックパッドの活動や、大好きな食べ歩き、日々の料理をする中で知っていった、数多くのおいしい味や下処理の方法、手抜きのコツ、簡単なレシピなど、料理に関するあらゆる情報が自分の中で消化され、仕組み化できたことが大きいです。

家庭料理は、「手抜き」と「味を求める」バランスで成り立っています。

手を抜かないと毎日の料理なんてとても続かないし、逆に、おいしくなくても、料理するのがイヤになってしまいます。それに、冷蔵庫に余っている食材の残り物も片づけなければいけません。残り物を使った料理は、どうしてもテンションがあがりません。

クックパッドの企業理念は、「毎日の料理を楽しみにする」です。集まってくるレシピは、この「手抜き」と「おいしさ」のバランスが絶妙なものだらけです。**手を抜きたいけど、おいしさのために「これだけはゆずれないポイント」が詰まったものが集まっています。**

これらの膨大なレシピを片っ端から試したり、一流シェフに教えていただいたワザや、趣味で訪れた世界の美食の街で食べたものなど、そのすべてからいいとこ取りをして、日々大好きな料理に熱を注いでいます。本書でご紹介するのは、そんなレシピを私の「毎日の料理」に落とし込んだものです。

✓いちばんいいのは「丸暗記」すること

いちばんのおすすめは、好きな料理を丸暗記することです。そうすると、レシピを見ないで作れるようになります。早く作れるし、アレンジもしやすくなります。これができるようになれば、それはまごうことなく「得意なことは料理」ですね。実は私は、料理をし始めたときに栗原はるみさんの『ごちそうさまが、ききたくて。』を先頭から最後まで何回か繰り返し作り、丸暗記をしました。興味がある方は、自分の好きな料理家の本でこれをすると、めちゃくちゃ料理上手になれると思います。

ただ、そうは言ってられないと思うので、ぜひこの本をご活用ください。使いやすいように、覚えておくといいところに「丸暗記ポイント」をつけています。

私の料理の味つけは覚えやすいように、1：1の比率がほとんどです。サラダや和食などは、特に覚えやすく、基本はすべて大さじ1です。気になるレシピを数回作るだけで、何となく身につくはずです。**暗記は面倒くさいかもしれません**

が、最初だけ頑張れば、あとは一生ものです。慣れてきたら自分のお好みにアレンジを楽しんでください。

また、本書では、サラダから揚げ物まで、7ジャンルを解説します。この7つができれば、「あれ、私料理が得意になったかも」と思うでしょう。

まずおすすめは、サラダです。サラダを作れるようになれば、他の料理もどんどん楽しくなると思いますので、だまされたと思って、ぜひやってみてください。

✓料理はビジュアル重視

見た目がいいと、作るのも、食べるのも楽しくなります。いわゆる〝ばえ〟です。見栄えがいいと、モチベーションがあがります。それに、翌日に余っても、見た目がいいと、食べる気になるものです。

器をおしゃれにするだけではなく、普段使わないような野菜やハーブ、色をファッションのコーディネートのように同系色にしたりすることはおすすめです。食欲っ

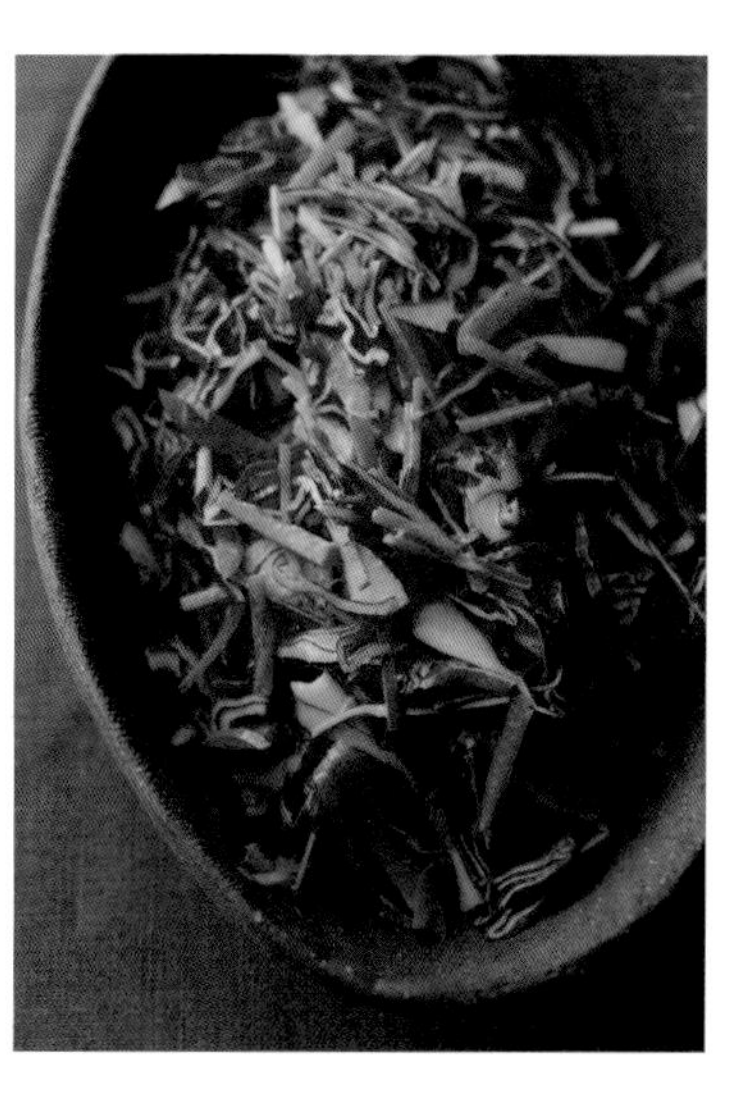

て、思っているよりも見た目に左右されます。

✓家族のために料理をしない

もうひとつ、料理は自分のためにするのがいちばんだと思っています。家族がいるから頑張れるということもありますが、いつも他人のために作ることは、義務になり苦しく、いくら大切な人でも疲れてきます。

やらなきゃいけないという呪縛をとりはずしてしまいましょう。**まずは自分が食べたいものを第一に作る。**これが料理上手の基本ではないかと思います。周りの人も、作り手が自信をもっておいしいと思うものを出したほうが喜ぶような気がします。栄養も、手作りの料理なら、そんなに気にしなくても、日本人ならだいたい栄養バランスはとれています。疲れているときは、無理に料理をせず、卵かけごはんなどの簡単なものや外食などにしたほうが、よほど料理自体が楽しくなります。

料理のルール1　調味料と食材を全部出す

料理のはじめに調味料と食材をすべて出して並べましょう。プロセスごとに調味料を出して、食材を出して、とやっていると、流れが中断され、入れ

忘れも出てきます。最初に出しておくとラクです。

料理のルール2　時間がかかるものから最初にする

何から始めればいいでしょうか？　時間のかかるものからです。

一番先に手をつけるのは、野菜を塩もみして水を出す、肉に酒を振って柔らかくする、魚に塩を振って臭みをとる、などの下ごしらえ系です。

次に野菜を洗い、まとめて切ります。皮むきが必要な野菜はまとめて皮をむきます。

肉や魚を切るのは、野菜のあとです。包丁とまな板を汚さない順に切るのが鉄則なので、きのこ類→野菜→肉、魚の順になります。便利なのは、まな板をふたつ持って、野菜と肉・魚とわけて使うこと。食中毒も防ぎやすくなります。

食材のカットが終わったら火を使いましょう。煮物や味噌汁は最初のほう、5分で仕上がる焼きものなら炊飯器のタイマーが残り5分になってから最後に焼き始めます。

終盤に手があけば、その都度洗い物をします。作り終わる頃に洗い物が減っているとあとがラクです。

✓フライパンはとても大きいものにする

これはおまけですが、ぜひ、おすすめしたいのは、大きいフライパンを使うことです。パスタもゆでられ、煮物もできます。ちなみに安くて大きいフッ素樹脂加工のフライパンを買って、焦げつきが始まったら替えるのが、いちばんいいとたどり着きました。半年くらいが目安です。まな板は有元葉子さん監修の正方形のまな板を2枚使っています。正方形が2枚あると野菜と肉を別々に切れるし、大物を切るときはふたつつなげて使えます。包丁は長いものと短いものが1本ずつあると調理中便利です。

✓シェフからもらう気づきは学びの宝庫

料理上手の近道は、なによりも外で料理を食べること。食材の思わぬ組み合わせや盛りつけなど、自分の料理のレベルをあげてくれます。これに、お酒のあわせ方や雰囲気の演出など、あらゆることがインプットの機会です。また、パリやスペインなど、海外の有名レストランをYouTubeやInstagramでチェックするのも楽しいです。直接行かなくても見られるって、とてもいい時代です。料理は楽しければ、続きます！ぜひおいしくて、美しいものをたくさん食べてください。

Contents

Chapter 1

サラダを
マスターすれば、
料理が得意になる
第1歩

アボカドと黒米
の取り合わせは
おしゃれ
これひとつで
立派な一食
アボカドと
黒米とキュウリの
サラダ

紫キャベツとにんじんのコールスロー

塩をまったく使っていない、この甘みが今っぽい味にします

おしゃれな色だと、不思議と翌日もおいしく感じます

お刺身とセロリを和え
ただけなのに新しい

いかのネットリとセロリの
シャキシャキが最高です

いかと
セロリの
サラダ

わかめナムルともやしナムル

わかめは戻すだけ、もやしはチンするだけ。なのに立派な一品

ごま油としょうゆという旨みの組み合わせでおいしくないわけがない

サラダのコツ

「オイル1：酢1＋何か塩分」
この比率さえ覚えれば、
なにも見ずにサラダが作れるようになります

「私、料理が得意かも」と思わせてくれる第一歩は、なによりもサラダです。ぜひ、だまされたと思ってサラダを作ってみてください。まず最初におすすめします。

ちょっと想像してみてください。**毎日、野菜の種類が違い、味つけも違い、おしゃれなレストランで出てくるサラダが5分程度で作れるとしたら。**野菜をたっぷり食べられる副菜が負担ゼロで作れるようになると、あとはメインだけでOKです。急に料理が手軽になりませんか？

ドレッシングなども必要ありません。オイルとお酢だけあれば、むちゃくちゃおいしいソースができます。基本の調味料だから、冷蔵庫のスペースもとらないし、安いし、食品添加物なども入っていない安全なドレッシングです。

よく忙しいときに、「メインだけ自分で作って、サラダはお店で買う」という人がいますが、「忙しいときはサラダだけ自分で作って、メインはお店で買う」ことを提案したいと思います。お惣菜売り場でも、メインの多さに比べてサラダは種類が少ないし、価格も高めです。それに、**サラダを作るととにかく気分が上がるし、食卓に幸せ感が出る**のです。これはぜひやってみてほしいです。

豆や雑穀でおしゃれにしたり、フルーツや海鮮がおいしそうなレストランのサラダって見ているだけで食べたくなりませんか？　ぜひそれを自宅で気軽に作れるワザを身につけましょう！　サラダは基本的に生で食べられるものが多いので、プロセスでほとんど火を使いません。火を使わないって本当に楽です。**さらに、野菜なら何でもOKなので、スーパーで気負わずに気になった野菜を買えます。**必ず使いきれます。見たことない野菜にも気軽に挑戦できるようになります。

洋風にしたり、中華風にしたり、余っている乾物を入れたりと自由自在。ツナやチーズなどタンパク質を入れると、これ一品で一食にもなります。どんどん応用して広がっていくので、サラダ作りが上達すれば一気にお料理上手になりますよ。

✓サラダの味つけは、ぜんぶ大さじ1

サラダ作りのハードルを下げる一番のコツは、レシピを見ずにドレッシングを作れるようになることです。自分で作るというと、もう面倒くさいと思うかもしれませんが、簡単なので丸暗記できます。レシピの分量を確認しながらいちいち計るなんて面倒なことは必要ないです。

後ほど詳しく説明しますが、基本のドレッシングは**オイル大さじ1に対して酢を大さじ1。それに塩分か甘みをお好みで少々加える**というものです。塩や甘みは小さじ1程度が目安です。野菜の量は、大体2人分でお茶碗一杯分くらいです。ただ、野菜の量は、アバウトで大丈夫です。**量が少なくても多くても、基本の比率はオイルとお酢が1：1**。塩や甘みが入りすぎないので、適当でもおいしいです。自宅で作ると市

サラダに最低限必要なのは、オリーブオイルとりんご酢です。私は、「フルッタート」（アルチェネロ）、「有機りんごの酢」（内堀醸造）を使っています。

販のドレッシングのように保存料など余分なものも入りません。外食では、味が濃いめに作られていることも多いです。

✔大さじ1と覚えるだけで、サラダはレシピなしで作れるようになります

実際、このドレッシングの比率を生み出すまでの私は副菜がワンパターンで、トマトとわかめのサラダばかり作っていました。それが今や毎日違うサラダを作り、私をよく知る人からは「貴子さんといえばサラダ」とまで言ってもらえるようになったのです。

さて、ドレッシングを作る材料のオイルと酢ですが、使う物を変えていくと味のバリエーションができます。洋風のサラダの場合は、**オリーブオイルとりんご酢**です。

このふたつさえあればだいたいのサラダが作れるので、りんご酢を持っていないという方はぜひ買ってみてください。一般的なスーパーで手に入ります。なぜりんご酢がいいのかというと、甘みがあるからです。**甘みが入ると人はおいしく感じます。**注意していただきたいのは、穀物酢。酸味が強いのであまりおすすめしません。

そして、このシンプルなドレッシングをおいしくするコツは、オイルと酢にいいものを使うこと。

オリーブオイルはエキストラバージンオリーブオイルと加熱用のピュアオイルが2

本あるのが理想です。

エキストラバージンオリーブオイルは加熱用のオイルと違って精製されておらず、風味が豊かで生食に向いています。ですので、加熱用とドレッシング用は分けるといいでしょう。サラダでよく使うので、ムダにもなりません。私は1か月に1本のペースでよく使います。

りんご酢も、「有機」や「そのまま飲める」と書かれているものはドレッシングがぐっとおいしくなります。自作はそれだけでコスパがいいので、オイルと酢に投資して損はありません。**たった数百円の差で、何か月もおいしいサラダが食べられます。**

✔塩分か甘みはおまけ程度と考え、大さじ1以上入れない

ドレッシングは、最低限オイルとお酢のふたつだけでも成り立ちますが、おいしく感じさせる役割を担うのが「少しの塩分か甘み」です。先ほども言いましたが、目安は小さじ1ほどの塩分か甘みです。それを調整するのがいいでしょう。甘みにすると、ヨーロッパっぽいサラダの味つけになります。

甘みを出すのに一番簡単なのはハチミツ。砂糖だと溶かす手間がかかりますが、ハチミツはそのまま使えます。甘みであればなんでもいいので、溶かした砂糖や、余っているジャム、水飴、メープルシロップでももちろん構いません。メープルシロップ

はハチミツよりコクがでます（ただ普段使いにはちょっと高価ですね）。次ページから ご紹介しますが、ハチミツの代わりにフルーツで甘さを足す方法もあります。

そして、塩分は塩を小さじ1、あるいはしょうゆやナンプラーなどであれば大さじ半分がいいでしょう。大さじ1を超えると風味を損ないますので、それ以上は入れないようにしましょう。

ドレッシングの分量は、何度も言いますが、だいたいお茶碗1杯分のサラダに対して、オイル大さじ1、酢大さじ1、塩か甘み（ハチミツ）小さじ1程度が基本です。もの足りないと感じたら塩分か甘みを小さじ2分の1程度から足してみてください。甘いほうがおいしいと感じるか塩辛いほうがおいしいと感じるかは好みによるので、ご自身の好みを見つけてみましょう。

理想を言えば、健康のためには少しずつ薄味に慣れたいものです。人は2週間で味覚を変えられるそうです。私は、使う野菜が甘かったり、フルーツを入れる場合だと、オイルとお酢だけにすることも多いです。こうすると、シンプルに野菜そのものの味も楽しめます。**「この塩（甘み）、必要かな？」とサラダを作るときに思うだけでも、塩分のとりすぎ防止になりますよ。**

また、塩や砂糖には野菜の水気を出す作用があるので、作りおきしたいときには入れないようにしましょう。そして、食べる前に入れましょう。以前デンマークで、野

菜を砂糖でもみ、水分を出すのを見て驚いたことがありました。砂糖にも脱水作用があるのです。

✔アボカドと黒米とキュウリのサラダを作ってみよう

それではここから、詳しくサラダのレシピをご紹介します。まずはアボカドと黒米とキュウリのサラダ。黒米はあればいいという程度ですが、入れると格段におしゃれになり、黒米のもちっとした食感がおいしいです。アボカドとキュウリを同じ色でそろえるので、ますますおしゃれです。また、アボカドは、お酢と合わせると青臭さが消され、ねっとりしているのに爽やかで、相性がいいです。

✔野菜は、基本的にすべて同じサイズに切る

まず黒米を中火で20分ほどゆでて、ザルにあげておきます。

その間にアボカドとキュウリを1センチくらいのサイコロ状にカットします。**ちゃんと大きさをそろえると食感がそろっておいしく感じます。**サラダの野菜は、基本的には同じような形とサイズの切り方にしましょう。

黒米がゆであがったらザルにとり、キッチンペーパーで水気を切ります。

ドレッシングを作ります。大きめのボウルに**オリーブオイルとりんご酢を大さじ1**

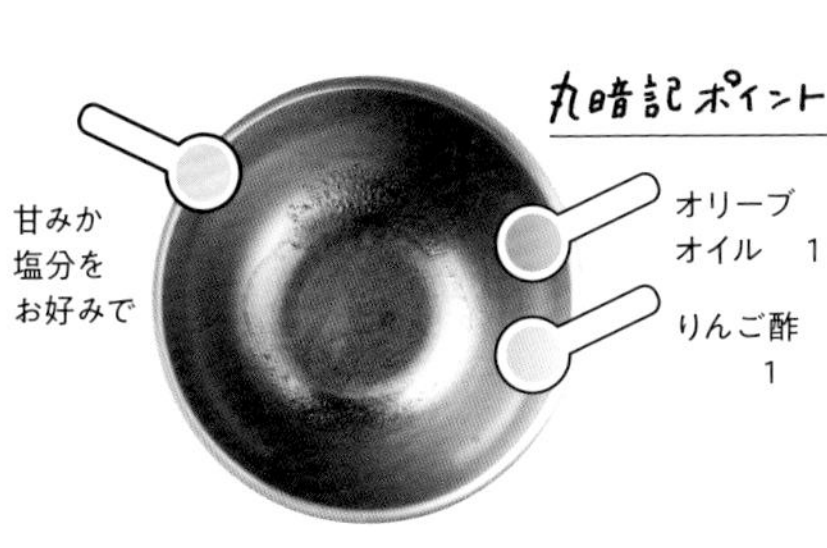

中の具材はサイズをそろえるとおいしくなります。

ずつ入れます。あとは、塩かハチミツをお好みで足します。目安は小さじ1です。ボウルにアボカドとキュウリ、黒米を入れて混ぜ、器に盛りつけたら完成です。

キュウリをほかの野菜にかえる場合は、セロリ、水菜、ほうれん草も合います。ほうれん草も生で食べられますよ。

✓おしゃれにするには、同系色にそろえること

黒米は必ずしもなくても大丈夫です。でも、入れるとおしゃれさが段違いです。不思議なもので、見た目のおしゃれさはとても大切で、作るときもテンションがあがるし、もし残り物として次の日などに食べることになったときも、食べる気になります。

おしゃれにするルールはふたつ。

ひとつは、「野菜の色を同系色でそろえること」その際、白はどんな色にも合います。ふたつめは「食材の形と大きさをそろえること」です。ここだけこだわってみてください！

特に白は、ほかの色を邪魔しないので、どんなところに入れてもおしゃれ。カブや大根はおしゃれの強い味方です。

皆さんの中にはおしゃれさの威力に半信半疑の方もいるかもしれません。

色をそろえるとそれだけでおしゃれです。

料理と洋服は、ちょっと似ています。カブや大根は、洋服でいうと白シャツのような何にでも合うベーシックアイテムです。ですので、キウイの緑や紫キャベツの紫など、何色でも合います。そして、料理にも流行があり、レタスとトマトの組み合わせなどは古臭く見えます。このふたつは組み合わせるのはやめておきましょう。

サラダのコツ

オイル、酢、ハチミツをいろいろ置き換えると洋風から中華風、エスニックまで無限に応用できる

✓サラダの味は、使うオイルとお酢で無限に変えられる

サラダのいいところは、ドレッシングの中身を変えるだけで、違う味になって食べ飽きないところです。オイルやお酢を変えるのはもちろん、お酢をレモンに置き換えたり、甘みをフルーツに置き換えたりできます。比率は同じままです。

✓フルーツを使うとおしゃれになる、カブとキウイのサラダ

ご紹介するのが、ハチミツをフルーツに置き換えるサラダです。フルーツ自体が甘いのでドレッシングに甘みを入れる必要がなく、**オイル1：酢1だけで完成します。**ある人気レストランは甘さをフルーツで加え、それを味つけとしています。この良さを取り入れない手はありません。一度作ってみたら、いつもと違う味になるし、おいしい！　ときっと驚くはず。見た目にも華やかになって食卓が美しいので「季節の果物を見たらサラダ」と考えるのも楽しいです。

その中でも使いやすいのは、「キウイ」。キウイは一年中あるし、安価です。カブとキウイのサラダは作りやすいサラダです。きれいなグリーンとカブの白の組み合わせが上品で、できれば黒い器なんかに盛ると映えます。キウイの酸味が混ざり合うのがなんともおいしいです。

カブは寝かさず立てたまま切るとくし切りしやすい。

まずキウイとカブを用意し、皮をむいてカブはくし切り、キウイは半月切りにします。カブに対してキウイが3分の1ほど交じるようにするとちょうどいいでしょう。カブは、まず縦半分に切ってそのままくし切りにすると切りやすいです。ここでもポイントは、**キウイとカブのサイズが同じくらいになるように切る**こと。サラダは切るときが勝負です。形が大体そろえば、確実においしくなります。

カブはさっと塩もみして5分ほどおきます。サラダの敵は水なので、こうやって先に水分を出しておきます。

大きめのボウルにオリーブオイル大さじ1とりんご酢大さじ1を合わせてドレッシングを作ります。フルーツの甘みがあるので塩はなしで十分おいしいですが、好みで最後に味を見て調整してください。

ボウルに水気を切ったカブとキウイを入れ、さっと和えれば完成です。

✔ねっとりしたフルーツ以外はサラダに全部向いている

サラダに入れるフルーツのおすすめは、キウイのほかには柿、オレンジ、グレープフルーツ、りんごなど。余ったフルーツを翌日のサラダに入れてしまうくらいで作ってみましょう。グレープフルーツをサラダに入れる場合は、酸味があるのでお酢を少なくしてハチミツを少し足すとちょうどいいでしょう。ドライフルーツも最高です。

できあがりはコレ！

りんごと大根とレーズン、柿とカブの組み合わせなどもおすすめ。大根の場合もカブと同じように塩もみして水気を切ります。いちごもサラダに入れてもいいです。華やかになります。たとえばビーツと合わせるとおいしいです。流行っているけれど、どう使っていいかわからない野菜は果物と合わせれば間違いありません。

反対にサラダに向かないのは、バナナ、マンゴーなど、ねっとりしたフルーツです。食感が野菜と合わず、少し置くだけで変色してしまうので見た目もよくありません。ただ、ねっとりでも例外においしいものがひとつ。「桃とモッツァレラ」の組み合わせです。お酢は使わず、塩とオイルだけにしましょう。そして、変色しないように作ってすぐ出しましょう。

野菜とフルーツの組み合わせに法則はないので、同じような色を自由に組みわせてみましょう。たとえば柿とほうれん草だとオレンジ色と緑色の組み合わせが強すぎてそそられないので、カブにして白とオレンジ色の配色にする……といった具合です。

✔いかとセロリのサラダ

お酢の代わりに生の果汁もおいしいです。ライムやレモン、かぼす、柚子を使ってみましょう。ビタミンCもたっぷりで一石二鳥。レパートリーがさらに広がります。

果汁を使うのは、主にお刺身をサラダに入れるとき。お酢でも魚の生臭さはある程

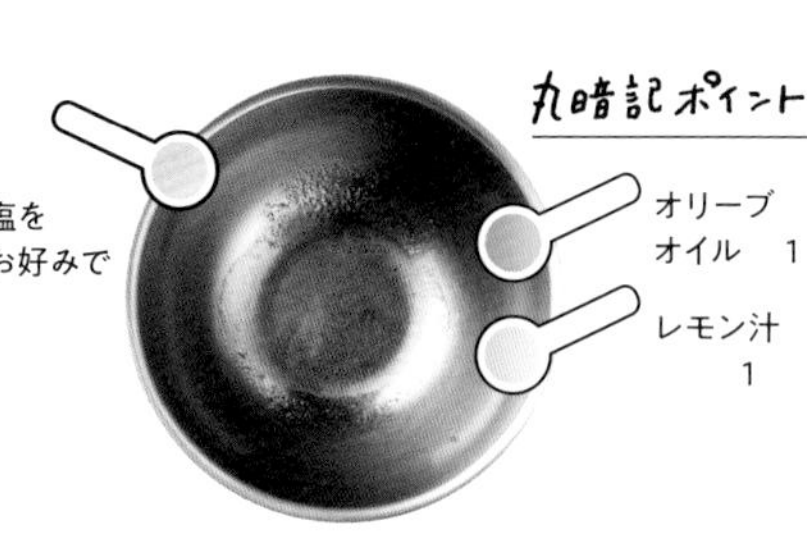

セロリの葉と茎は、それぞれこんなサイズに切ります。

度消せますが、レモンやライムは臭みをとるだけでなくいい香りを出すので、やっぱりおいしさが違います。果汁を使うと不思議と飽きない味にもなります。

私がよく作るのはいかとセロリのサラダ。特に夏に作ると、さっぱりと爽やかで、セロリが1本丸ごともりもり食べられます。

まず、いかは刺身用を買ってきて、食べやすい大きさに切って水気を拭きます。セロリは葉を細かく刻み、茎はピーラーで筋をとって細切りにします。

ドレッシングを作ります。いつものとおり、オリーブオイルとレモン汁を1：1で味つけしましょう。レモンは4分の1絞ると大体大さじ1くらいになります。**このサラダは塩で味つけをすると爽やかです。**

あとはボウルにいかとセロリを入れ、和えて完成です。

レモンは、4分の1個でだいたい大さじ1くらいだと書きましたが、そんなに気にせず、レモン半分やかぼすなら1個など、自分が入れやすい分量で大丈夫です。不安な方はしぼり汁を大さじに入れて測ってみてもいいですが、だいたいの目安で直接しぼっても、味は大きく変わりません。

余談ですが、柑橘類は残ったものを冷蔵庫に入れるとそのまま忘れてしまうことも多いので、私は1回の調理で使い切ることを心がけています。柚子なら冷やしうどん

の上に乗せたり、すだちは輪切りにしてそばにのせたり。レモンと柚子は薄切りにしてハチミツに漬けておけば、お湯を注ぐだけでホットドリンクになります。その日の料理の中で、次の行き先を決めてしまうとラクです。

お刺身は、旬のものをなんでも楽しんでください。たとえばマグロだと、オイルをごま油にして、お酢は米酢や、あれば黒酢にし、そこにキムチとネギを加えれば、韓国風のごちそうになります。

✔わかめナムル、もやしナムル、ナムルはどんな野菜でもすぐできる

ここまでご紹介したサラダは洋風でした。ここからは韓国風サラダの作り方をご紹介します。

変わるのは**オイルがごま油、お酢が米酢に、塩分はしょうゆになる**ことです。そうすると、同じ野菜が一気に韓国風に変わります。ごま油は黒だと香りが強く、白だと香りが少なく品のよい味になります。両方あってもいいですが、メインには黒をおすすめします。また、なぜ米酢がいいのかというと、小麦や酒かす、コーンなどをブレンドして作られる穀物酢より酸味が少なく、旨みがあるから。もしすし用酢があれば、それを使ってもＯＫです。すし用酢は甘みが強いのでおいしく感じます。黒酢はさらに本場っぽい味になりますが、用途が限られるので特別に準備してなくても

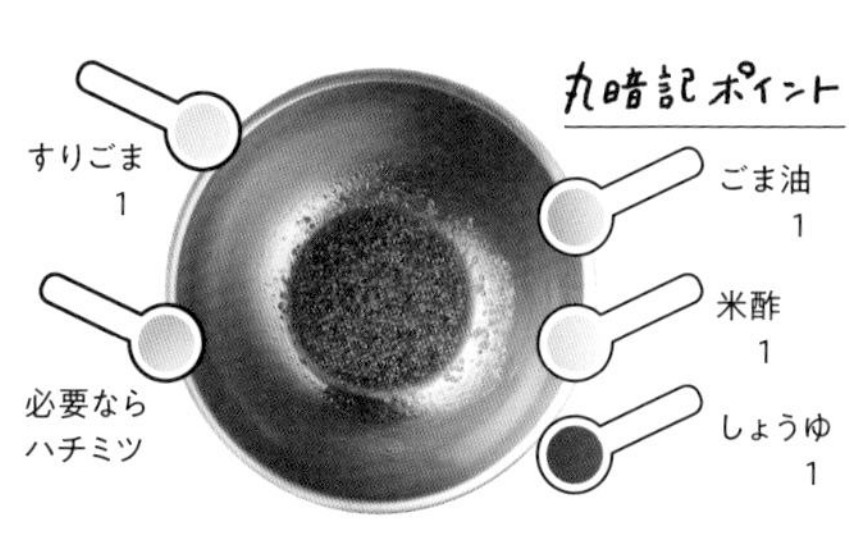

大丈夫です。

わかめナムルのレシピをご紹介します。これもサラダの味つけでできます。**つまり、サラダの味つけを覚えれば、どんな野菜も韓国風に展開できます。**本場の韓国でも旨み調味料をあまり入れないので、より本格的な味になるはずです。

まず、乾燥わかめを水かお湯で戻します。戻し方はパッケージに書いてあるとおりにしてください。

ドレッシングは、ボウルにごま油1：米酢1：しょうゆ1の比率で合わせます。これに、すりおろしたにんにく（にんにくチューブでも可）、すりごま1を振っておわり。甘みが足りない場合はハチミツを少し加えます。

戻したわかめの水を切り、ドレッシングと和えてできあがりです。**つまり、いつものサラダの味つけをするだけです。**コンロも使わずに簡単に韓国風の副菜が作れます。

わかめナムルに刻んだ油あげを加えても、コクが出ておいしいです。忙しい方は、冷凍のほうれん草をチンして加えても簡単です。

わかめナムルは応用ができ、もやしに変えて、もやしナムルもおいしいです。もやしは、まず600Wの電子レンジに3分を目安にかけましょう。同じ味つけをしてく

ださい。

にんじんナムル、キュウリナムル、大根ナムル、トマトナムル、白菜ナムルもできます。キュウリと大根は塩もみして水気を切ってください。湯どおししたぜんまいでもできます。カリカリに焼いた油揚げと合わせるのもいいでしょう。

3種類ほどの野菜でナムルを作ってごはんに乗せ、焼肉を乗せればもうビビンバです。お店ではそれぞれのナムルで味を変えているでしょうが、同じ味つけでも十分おいしいです。肉がなくても、温泉卵や生卵をのせるとこれひとつで1品です。

✔春雨サラダは、なんだかんだで登場回数が多い

我が家では春雨サラダは、2週間に1度は作っています。春雨をゆでて錦糸卵を作る手間がいるので、普通のサラダよりちょっと時間はかかりますが、それを上回るおいしさです。春雨に具材とドレッシングがからんでつるつると食べられます。

ナムルと味つけは同じですが、にんにくを入れません。春雨サラダは、水分も出にくく、多めに作って翌日食べるとまた味が染みておいしいです。キュウリや卵、にんじんやちくわを入れます。

春雨は表示どおりにゆで、冷水でしめてから、ぎゅっと絞って水切りしておきます。その後ざくざくと食べやすい長さに切ります。

薄焼き卵は数枚に分けて焼き、重ねて端から細く切ります。

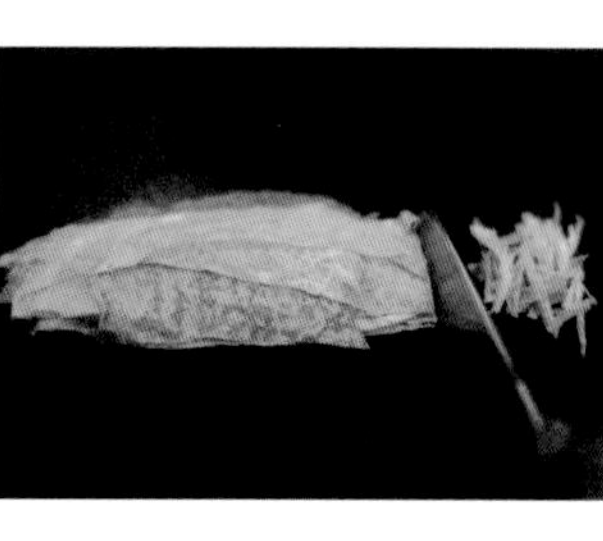

丸暗記ポイント

すりごま １
ごま油 １
米酢 １
しょうゆ １
必要なら砂糖

錦糸卵を作ります。水溶き片栗粉を、卵をほぐした卵液に混ぜます。片栗粉を入れると、卵がやぶれにくくなります。フライパンに薄く油をひいて、薄焼き卵を作ります。数枚焼き、それを重ねて、細く千切りにします。

キュウリは縦半分に切って、スプーンで種をのぞきます。種取りは必須ではないですが、種の部分から水気が出るので私はいつも取っています。それをまた縦半分に細く切り、３センチほどの細切りにします。その後、軽く塩もみして水気をしぼります。

にんじんは皮をむき、キュウリと同じようにこちらも３センチの細切りにしましょう。さっと湯どおしして冷ましておきます。しなくてもＯＫですが、すると柔らかく甘くなります。

ちくわは２ミリくらいの輪切りにします。

少し大きめのボウルに、ごま油、米酢、しょうゆ、すりごま各１、それに、好みで砂糖で味つけします（目安は大さじ１）。大人だけの場合は甘みはなくして、からしを足してもおいしいです。すべて入れてよく混ぜ合わせたら、切った材料もすべて入れてさらによく混ぜます。

野菜はにんじんとキュウリを入れましたが、家に余っている野菜をいろいろ加えてぜひオリジナルの味にしてみてください。

このドレッシングの比率は中華風サラダの基本なので、食材を変えればいくらでも

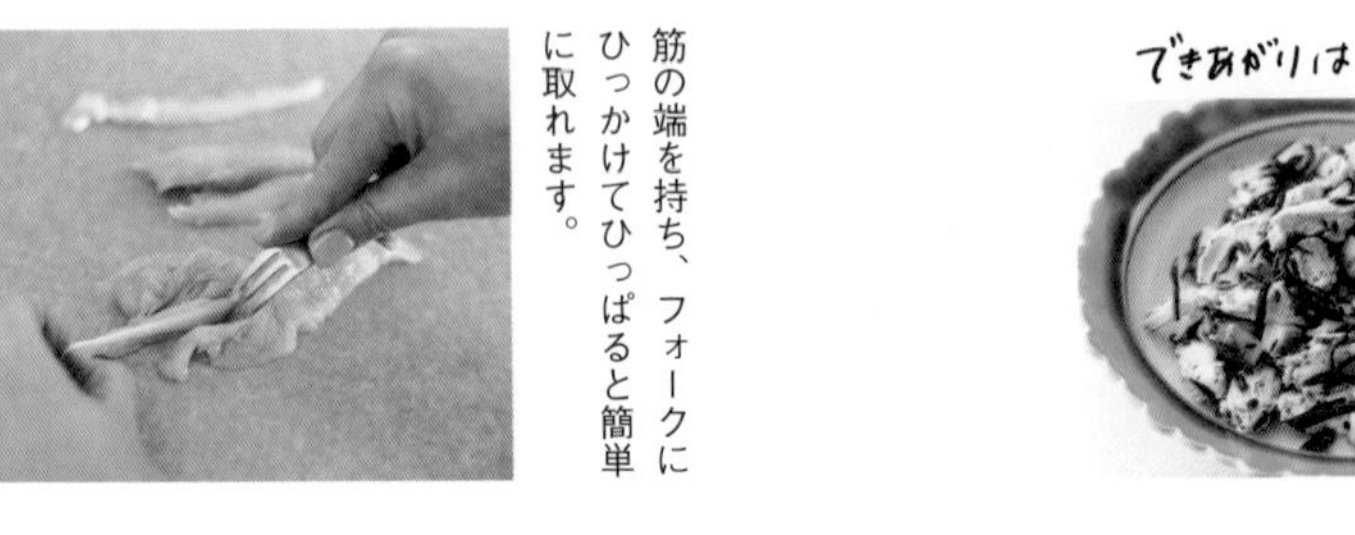

筋の端を持ち、フォークにひっかけてひっぱると簡単に取れます。

アレンジができます。**このあとにご紹介しますが、この味つけはちくわやささみ、豚しゃぶなどタンパク質を入れやすいのが特徴です。**きくらげやひじきなど乾物系もよく合います。

✔ひじきとキュウリとささみのサラダ

サラダにはささみがよく合います。時間がないときには市販のサラダチキンを使ってもいいですし、ツナ缶でもいいのですが、トッピング用のささみのゆで方をご紹介します。ささみはどうしてもパサパサしがちだという声を聞きますが、しっとりおいしく作れるおすすめの方法があります。

まず、ささみの筋を切ります。筋切りは、フォークを使うと簡単です。**筋にフォークの又の部分を挟み、削ぐように取っていきましょう。**筋はやっぱりとったほうがおいしいです。

お湯を沸騰させておき、そこにささみを入れて1~2分ゆでたら、火をとめ、5分ほど放っておきます。その間にそのまま余熱で中まで火がとおります。余熱で火を通すと、とてもしっとりします。取り出したとき、念のため割いて中を見てみて、もしまだ赤かったら、鍋に戻してください。

その間に、ひじきを表示どおりに水かお湯で戻します。面倒な人は、すでに戻して

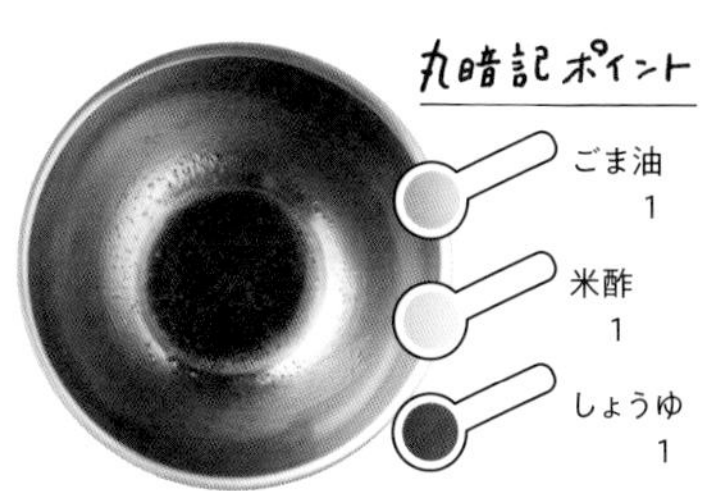

鶏ささみは包丁で切るより手でほぐすほうが食感がよくなります。

あるひじきも売っていますよ。

そして、キュウリ1本をこれまでと同じように縦半分に切ってスプーンで種を取ります。種が取れたら1㎝角に切ってください。

火がとおったささみを繊維に沿ってキュウリと同じくらいの形になるように手でほぐします。

ボウルにごま油、米酢、しょうゆを各大さじ1入れてよく混ぜます。そこに食材をすべて入れて和えたら完成です。

タンパク質は他にも豚しゃぶがおすすめで、水菜と組み合わせたらさっぱりして最高です。洋風のサラダには、お肉やベーコンを入れるとごちそう感が出ます。

オイルごと容器に入れて保存します。

✔一度作ってみたらやみつき、放っておくだけ自家製ツナの作り方

和洋中どのトッピングにもいいのがツナ缶です。自家製のツナもすごく評判がよくて、「絶品だ」と言ってもらえるので、ちょっと横道にそれますが作り方をご紹介します。サクで安くマグロが売られていたら、作ってみてください。しっとりして、ツナの旨みがおいしく、塩分も少なめでパクパク食べられます。オイル漬けなので、日持ちします。

小さいフライパンにマグロを置き、安いオリーブオイルをヒタヒタにかぶるまで注ぎます。小さいフライパンのほうがオイルが節約できます。私はいつも2サク入れるとちょうどよくなります。これに、にんにくと、あればローズマリーを入れて低温で30分くらい火にかけます。**油が少しぷつぷつとするくらいで、**沸騰しないように火にかけるイメージです。完成したら粗熱をとり、オイルごとタッパーで保存してください。

これが非常においしく、サラダに入れるのはもちろん、サンドイッチや、パスタ、ポテトサラダに入れてもいいし、我が家では一度作ったら2週間くらい活躍します。そして、旨みがたっぷりつまったオイルもパスタなどにぜひ使ってください。

ちなみに、魚は調理前にすべて塩小さじ1くらいを振って10分ほどおきましょう。

こうすることで魚の臭みがとれます。このひと手間をすると、本当においしいです。

✔千切りは、食感がよくておしゃれな切り方です

千切りは、やればやるほど早く上手になります。修行だと思ってやると、薄くて細い千切りが早くできるようになるかもしれません。わかってもらえる人もいると思いますが、千切りするときってすごく意識を集中しないといけないので、あまり余計なことを考えません。日常のことを忘れられるので、千切りも中々楽しいです。

でももちろん、ピーラーやスライサーを使えばめちゃくちゃ早くできます。包丁で切るのはもはや趣味なので、千切りが面倒な人はぜひそちらを使ってください。**千切りのサラダはこれにしかない特有の食感がおいしいです。**細くそろえると見た目もおしゃれなので、この切り方はそれだけで特別おいしく感じます。

✔キャロットラペはにんじんだけなのにごちそう感

千切りサラダの代表格で、特別におすすめするのがキャロットラペ。そのまま食べるだけでなく、余ったらバゲットに挟んだりサンドイッチにしてもおいしいのがうれしいところです。

まずにんじんはできるだけ細く千切りにします。食感が残る程度が最高です。

大きめのボウルでオリーブオイルとりんご酢を各1ずつ和えます。そして、塩か甘みで味つけを。私はハチミツを小さじ1混ぜています。お好みでいりごまを加えます。にんじんの水気をしぼり、ドレッシングと和えて完成です。

フランスではレーズンを入れることが多いので、より本場の味にしたければハチミツの代わりにレーズンを入れてもおいしいです。ちなみにレーズンもハチミツも入れず、甘みをゼロにすると大人っぽい味になります。お酢は基本はりんご酢ですが、バルサミコ酢などに置き換えてももちろんおいしいです。

キャロットラペをベトナム風にすることもできます。**オイルをごま油やえごま油にかえて、ナンプラーを少し加えると一気にエスニックに。**バゲットにはさめばバインミーです。

また、キャロットラペにヨーグルトか牛乳を少し加えるとコールスローになります。牛乳よりもヨーグルトのほうがとろっとして旨みが出るので、キャロットラペに合うと思います。

✔紫キャベツがとにかくおしゃれな、紫キャベツとにんじんのコールスロー

千切りレシピのふたつめは、紫キャベツとにんじんのコールスローです。紫キャベツは家庭のサラダにとてもおすすめ。量もたっぷりめにとれるし、なにより普通のキャ

キャベツをせん切りするコツは、数枚重ねて巻くことです。

ベツを使うよりおしゃれ度が一気に上がります。同じ食材でも色をかえるとできあがりの印象が違います。

紫キャベツとにんじんを千切りにします。こだわるなら、にんじんが紫キャベツの半分くらいの量になるときれいです。**紫キャベツは、何枚か重ねて丸めて切ると切りやすいです。**

コールスローのドレッシングは変則的で、オリーブオイルとりんご酢に牛乳を加えてください。各大さじ1です。これにハチミツを小さじ1加えましょう。

サラダのコツ

冬も食べられる温かいサラダをマスター

根菜など、生で食べられない野菜や、秋冬など温かいサラダを食べたいときの作り方も知っておくと便利です。かぼちゃ、さつまいも、れんこん、じゃがいも、きのこなどをたくさん食べられるようになります。ナムルでちょっと火を使いましたね。あれも温サラダです。

温サラダも基本的に作り方は一緒です。ただ、まず野菜をゆでなければいけません。鍋でゆでるか、面倒な方は耐熱ボウルに入れて電子レンジでチンすれば簡単です。レンジに「根菜モード」があったりすると思います。ない場合は、600Wで3分からかけて、様子をみながら熱をとおしてください。火をとおした野菜は、そのまま切るか、マッシュにして使うか2パターンあります。

今までのサラダとは、1点違うポイントがあります。

それは、野菜がいも系のときはまずオイルだけを先にかけてしみこませること。ポテトサラダもそうですが、いも類は温かいうちに下味としてオイルをしみこませておいて、あとで酢と甘みを混ぜると味がよくしみます。

ちなみに、根菜類は乳製品が合いやすいです。オリーブオイルとりんご酢、ハチミツにちょっとだけヨーグルトを加えるとデリ風になりますし、根菜にマヨネーズをからめるだけでもおいしいホットサラダになります。

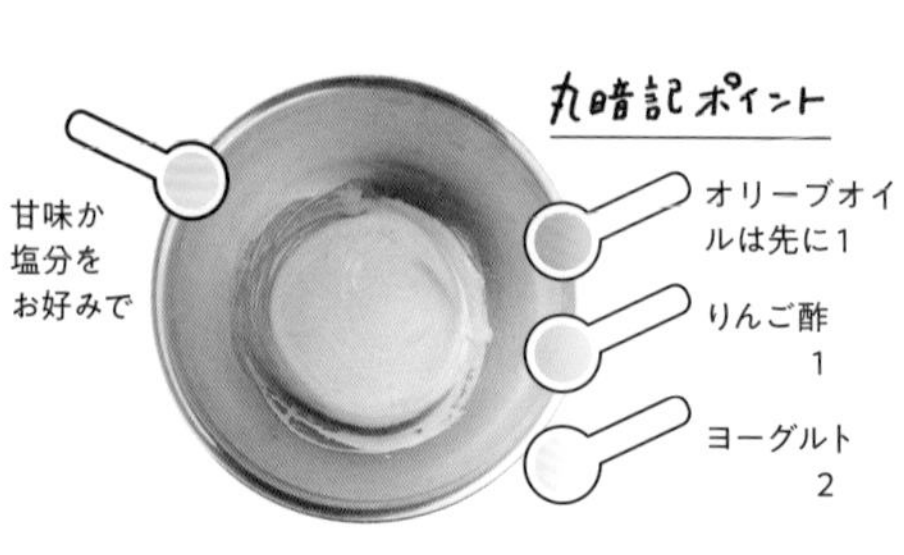

✔かぼちゃとさつまいもの温サラダ

では、実際に作ってみましょう。かぼちゃとさつまいものサラダは、ヨーグルトをちょっと加えてドライレーズンやひまわりの種を散らすことでまさにデパ地下風になる温サラダです。ほくほくと温かいかぼちゃとさつまいもにレーズンの甘みが加わることで、寒い季節にほっとする子どもも大人も大好きな味になります。

かぼちゃとさつまいもを1センチ角のサイコロ状に切ります。

鍋にお湯を沸かして、やわらかくなるまで火にかけるか、電子レンジ（600ワット）で4分ほど温めます（もしくは「根菜モード」で温める）。

かぼちゃとさつまいもが温かいうちに、オリーブオイル1をまわしかけて和えます。

粗熱がとれたら、りんご酢1を加えます。そのあと、いつもどおり、塩分か甘みをお好みで入れます。そこに変則でヨーグルト2を和え、レーズンを散らしてできあがりです。レーズンもなくてもいいですが、あるとおいしいし、おしゃれです。

✔れんこんとひじきとミントの温サラダ

次に紹介するのは、健康的で爽やかなれんこんとひじきとミントの温サラダです。

ひじきは戻しておきましょう。

れんこんは変色するのを防ぐために酢水に漬けましょう。最低10分漬ければ大丈夫です。

れんこんは皮をむき、小さければそのまま薄切りに、大きければふたつに割って薄切りにし、酢水にしばらくつけたあと、さっと表面が透きとおるくらい、1、2分ゆでます。

ミントは食べやすい大きさにちぎります。

れんこんとひじきとミントをボウルに入れ、**りんご酢もしくはライムかレモン1とオイル、ハチミツか塩で、味つけをして混ぜ合わせます。**

ミントの香りが爽やかで、リフレッシュできるサラダです。ミントの香りが苦手な方は、かわりにほうれん草でもおいしいです。緑色が加わるとおしゃれですので、緑色の野菜を使うのがおすすめです。

ちなみに、ひじきとほうれん草と梅干しの温サラダもおいしいです。ほうれん草をゆでて、ひじきと梅干しと和えましょう。梅干しにはごま油が合うので、ドレッシングはごま油と米酢（あれば梅酢）にかえてください。

✔トッピングをすると料理上級者です

サラダは、余裕があったらプラスアルファのトッピングをしてみてください。一気にデリっぽいサラダになります。これまで、黒米やレーズンなど出てきましたが、おいしいし、おしゃれだし、栄養もプラスされます。

左からクスクス、キヌア、黒米。サラダに雑穀を入れると、歯ごたえがおいしい上におしゃれになります。

私の一番のおすすめはキヌア、クスクス、黒米などの穀物を混ぜることです。ゆで方はそれぞれパッケージに従うといいのですが、**特にクスクスは簡単で、お湯をかけておいておくだけで戻ります。**穀物が入ると満足感が出ます。

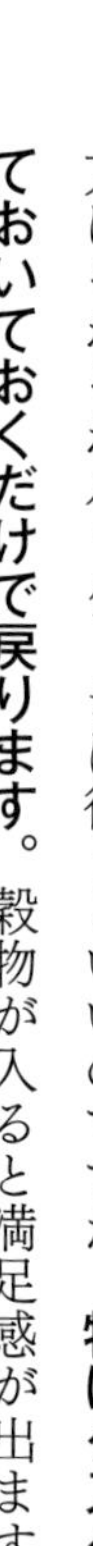

穀物のほかには、洋風サラダならミントやくるみ、ナッツ、レーズン、チーズ。和風や中華風ならすりごまやちりめんじゃこ、梅干し、かつおぶし、切り干し大根、韓国海苔、白きくらげなどが使えます。おしゃれさを出すなら、いろんな色の豆が入ったサラダ用のパックや缶詰は最高です。豆から良質のタンパク質も取れます。彩りもいいし体にもいいし、一気にレストラン感が出ますよ。

トッピングには正解はないので、好きなものをどんどん試してみてください。思わぬおいしい組み合わせを発見したときは感動ものです。

野菜の甘さとヨーグルトの酸味と塩気でおいしすぎます

見ためデパ地下のサラダもさっと作れます

かぼちゃとさつまいもの温サラダ

れんこんとひじきとミントのサラダ

日本の食材もミントひとつで異国の味

れんこんのコリっとした食感とミントの爽やかさが最高

Chapter 2

和食も
すべて大さじ1

和食のコツ

和食の味つけは
しょうゆ1：酒1：みりん1。
レシピなしですべて作れます

丸暗記ポイント

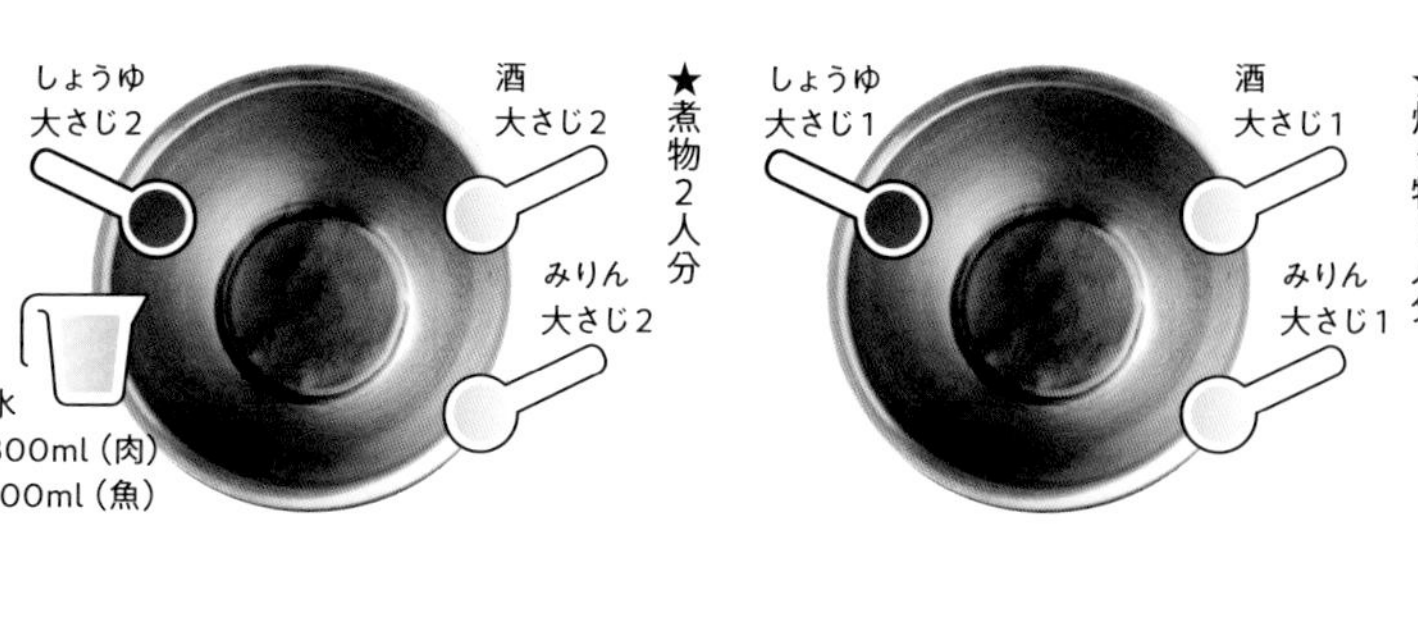

和食の味つけは1：1：1と覚えておきましょう。**しょうゆ1：酒1：みりん1です。**これでほぼできます。

分量は焼き物と煮物で違います。焼き物2人分が各大さじ1、煮物2人分は各大さじ2が目安です。煮物は汁が入る分、多くなります。煮物の水は**肉は基本は300ml（カップ1と1／2杯）です。これに対して大さじ2と覚えましょう。ただ、魚の煮物の場合は汁気が少なく、2人分で100ml（カップ半分）です。**煮物は水分に合わせて調味料の量を変えるので面倒かもしれませんが、水は具材に対してヒタヒタに入れると覚えましょう。そして味見をしながら、同比率で入れると覚えておけば、結構簡単です。和食は1人前より2人前以上を作ったほうがおいしいし、作りやすいので、2人前の分量を丸暗記しましょう。

よく「和食がいちばん失敗する」と言われるのですが、和食が難しい理由は、①味が決めづらい、②火加減が難しいからだと思います。薄いかと思ったらすぐ濃くなったり、急に焦げたり、外側だけ味が染みて中には染みていなかったりなどしがちです。

味が難しいのは、調味料の数が多いからです。でも、1：1：1なら必ず味が決まるので失敗しません。

以前クックパッドで「黄金比」というのがはやりました。しょうゆ、酒、みりんの最高においしい比率はこれだと、1：1：2や、1：1：3など、いろんな比率が出ました。私もいろいろ試し、見つけたのが1：1：1です。**家庭料理は、おいしくありながら、毎日続けられるラクさとのバランスが大切です。**1：1：1はおいしく、何より覚えやすいです。ほかの比率に比べてみりん（甘み）の比率も落ちるので、味もやさしく、健康にもいいです。

✔だしは基本的に必要ありません

だし汁も必要ありません。食材から旨みが出るからです。砂糖ではなくみりんを使うのは、みりんのほうがまろやかな旨みが出るからです。みりんはもち米の甘さを米麹の力で引き出したものなので、砂糖よりもやさしい甘さが出ます。まさに外では出しにくい家庭の味で、自分が食べてもほっとしますし、子どもや男性も好きな人が多いです。

おいしく作るのに、ポイントがあります。やはり、調味料です。まず、みりんは、**「本みりん」を選びましょう。**お店では「みりん風調味料」と「本みりん」が一緒に棚に並んでいるので、裏面を見て確認してください。本みりんはもち米を米麹とアルコールで熟成させて作られていますが、みりん風調味料は熟成させるのではなく麹や旨み調味料をブレンドさせていることが多く、実は成分も作り方もまったく違う、似て非なるものです。特に煮物は本みりんのほうがおいしいです。

和食は「しょうゆ1：酒1：みりん1」でほとんど作れます。右から「有機しょうゆ」(弓削多醤油)、「料理酒」(住乃井酒造)、「味の母」(味の一)です。

そして、お酒は安価な「料理酒」は、長く保存するために添加物がたくさん入っているものが多いです。商品の裏面の表示を見て添加物の入っていないものを選んでください。私は料理酒ではなくお酒として飲める安い日本酒を買ってくるか、食塩ゼロの「料理のための清酒」（宝酒造）を使ったりしています。量が多いので、高価というわけではないです。

和食はシンプルな味つけなだけに、調味料の質がそのまま味に影響します。ぜひちょっといいものを選んでください。

✓焼き物の火加減は、火が通ってから調味料をからめること

そして、難しいと感じる理由のうちの火加減ですが、これも、ぜひ覚えてほしいことがあります。基本的に、**焼き物は「食材に火が通ってから最後に調味料を入れる」と覚えておきましょう。**食材に火が通った後にからめるようにすると焦げません。煮物は肉と魚で違っていて、**「肉の場合は最初に冷たいまま調味料と食材をすべて入れる」「魚は沸騰している煮汁に入れる」**ことでおいしくできます。また、調味料は先に合わせておきましょう。この手間で、味つけが面倒ではなくなります。

普通煮物といえば、まず汁を煮立たせてから具材を入れるものだと教わりますが、肉を冷たいまま入れていいというのは、「日本橋ゆかり」の野永喜三夫（きみお）シェフに教え

てもらいました。「食材には、冷たいところから調味料が温まると同時に食材に入っていき、火を消して温度が下がることで味がしみ込んでいく」のだそうです。できれば、一度冷ましてから再び温めたほうが味がしみます。**また、ここも丸暗記ポイントですが、肉は１人前１００ｇくらいと覚えましょう。これを基準にお好みで変動させてください。**

ここまで、まとめてお伝えしてしまいましたが、このあとのレシピでもご説明するので、その中で覚えていってください。

✔豚肉のしょうが焼きに絶対失敗しない、「汁だく」

もっとも我が家で作る和食が、豚肉のしょうが焼きです。しかも、絶対に失敗しない方法を編み出しました。

これは、私がフードエディターをしていたときに「ラ・ベットラ・ダ・オチアイ」の落合務シェフからヒントをいただきました。それまでは「しょうが焼きは、肉が焦げて意外と難しい」と思っていたのですが、落合シェフから「汁だくにすればいいんだよ」と教わったのです。それ以来ずっと汁だくのしょうが焼きです。

このしょうが焼きでは、しゃぶしゃぶ用のお肉を使います。火の通りが早くてすぐにできあがり、柔らかいです。特に水などは入れず、玉ねぎと肉からの水分で自然と

できあがりはコレ！

すりおろしたしょうがは、フライパンの上で手でぎゅっとしぼるとラクです。

汁気がこれくらい残るタイミングで火をとめます。

汁だくになります。汁だくですが、「焼き物」として作りましょう。

まず、玉ねぎを薄切りにします。玉ねぎの量は、大体肉1人前の100gに対して、玉ねぎ4分の1個です。でも、作りやすいなら半分でも大丈夫です。野菜の中でも玉ねぎは、いちばん量が適当で構いません。和食は2人前以上のほうが作りやすいので、倍量から作ることをおすすめします。

つけあわせ用のキャベツも千切りにしておきます。

しゃぶしゃぶ用の豚肉は、食べやすい大きさに切ります。もともと小さく分かれている場合はそのままで大丈夫です。

食材をすべて切れたら、火をつける前に調味料を合わせておきます。先に合わせておきましょう。私はカップに入れます。**しょうゆ、酒、みりん各1：1：1です。**

そして、ここがポイントですが、生のしょうがをすりおろしましょう。これを、最後にフライパンの上でぎゅっとしぼります。しょうが焼きはしょうがを楽しむ料理なのでチューブでもいいのですが、本物のしょうがを使うとおいしさが違います。

フライパンにサラダ油を熱し、玉ねぎをしんなりするまで炒めます。そのあと、豚肉を加えて炒め、8割火がとおったら、調味料を入れてからめます。汁気が少し残る程度で火をとめます。その上に、仕上げにしょうがをさっとしぼって混ぜ合わせます。つけあわせのキャベツと一緒に皿に盛って完成です。

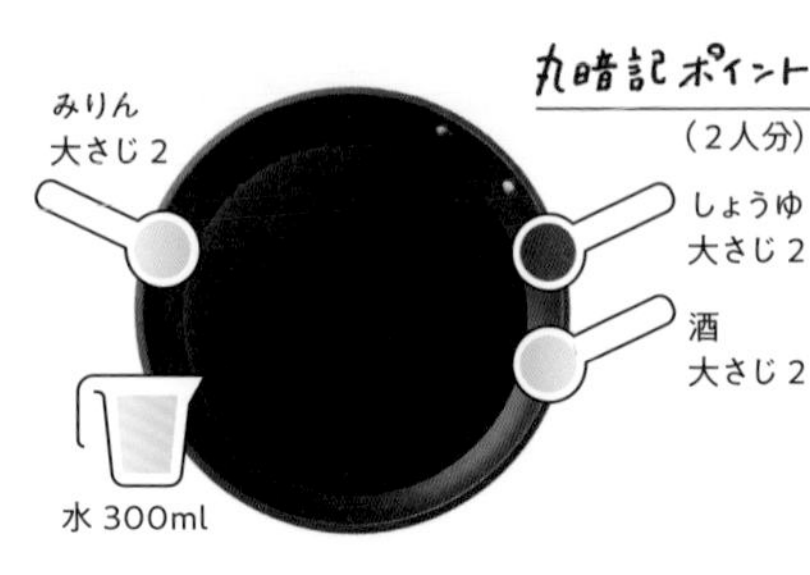

煮汁が具に対して1／3ほどになったら火をとめます。

✓肉じゃがは、料理の最初に全部鍋に入れて、あとはほったらかし

次にご紹介するのは、煮物の定番、肉じゃがです。

肉じゃがも1：1：1でおいしく作れます。**冷たい調味料と冷たいままのすべての具材をいっぺんに入れてしまうと、あとは煮るだけ。**私は肉じゃがはじゃがいも、にんじん、玉ねぎと牛肉で作りますが、お好きに変えても構いません。

じゃがいも、にんじん、牛薄切り肉を一口大に切りましょう。玉ねぎは薄切りにします。大体の量の目安は、肉はひとり100g、じゃがいもは1個、にんじんは2分の1本、玉ねぎは4分の1個（しかし、玉ねぎは適当でOK）というのが目安です。これも、1人前よりは、2人前以上が作りやすく、味が染みてよりおいしいので、お持ちの鍋いっぱいに作って次の日に食べるのをおすすめします。

調味料を合わせます。**しょうゆ、酒、みりん各1：1：1**を混ぜ合わせます。鍋にいっぱい作るとしたら、水300mlで各大さじ2くらいになるはずです。中の具材がちょこっと見えるくらいヒタヒタに水分を入れます。難しく考えなくても、自分の鍋に対して、同じ比率の調味料を味見しながら入れていくと簡単です。

鍋に水と調味料を全部入れ、肉を冷たいところにしゃぶしゃぶのようにほぐしながら入れます。**そうすることで、肉が固まらず、柔らかく仕上がります。**そのあとに野

卵を2回に分けて入れるとふわふわになります。

丸暗記ポイント（2人前）

菜を入れます。その後、中火にかけます。

煮立ったらそのまま15分ほど煮ます。火をとめる目安は煮汁が半分になったくらいです。これで完成。ほったらかしでいいので、この間にサラダなどを作りましょう。

✓親子丼のコツは、卵を2回に分けていれること

親子丼のコツは、卵を食べる直前に入れること。**そして、2回に分けて入れること。これだけで、ふわトロの親子丼ができます。**親子丼は、一人前につかう卵の量で大体分量が決まってくるので、分量入りで説明します。ただ、細かいことは気にせず、何度も言いますが玉ねぎの量などは大体で大丈夫です。2人前の紹介です。

鶏もも肉1枚はひと口大に切り、玉ねぎ半個を薄切りにします。玉ねぎはひとり4分の1個ですが、お好きなら多めでも大丈夫です。そして、卵はざくっと溶いて、先に準備しておきます。卵は混ぜすぎないほうがふわふわになります。**親子丼の卵はひとり2個と覚えておきましょう。**

フライパンに水と調味液を入れます。卵4個に対して、**水200ml（カップ1）、しょうゆ、酒、みりん各大さじ2**です。親子丼は水分が少ないほうがいいので、例外で水が少なめです。冷たいままで玉ねぎ、鶏もも肉を入れます。そのあと中火にかけます。玉ねぎは炒める必要はありません。沸騰してから5分煮ます。これで、しっかり肉に

調味液が冷たいまま、お肉をしゃぶしゃぶすると重ならず、柔らかくできます。

丸暗記ポイント
（2人前）
しょうゆ 大さじ2
酒 大さじ2
みりん 大さじ2
水 300ml

火が通ります。

そして、最後に卵です。まず半分を入れてフタをして中火で約1分。ふわっと固まってきたら残りを入れてまたフタをして中火で1分。2度に分けて入れることで卵がふわふわになります。できあがったら、温かいご飯にかけていただきます。

✔牛丼は親子丼より簡単

親子丼ができれば、牛丼もほとんど同じです。玉ねぎを炒めず、合わせた調味料と水を全部一緒に火にかけましょう。親子丼と同様、フライパンひとつでできます。

まず、牛薄切り肉は一口大に切り、玉ねぎを薄切りにします。玉ねぎは多めのほうがおいしいです。肉がふたりで200gだとしたら、玉ねぎは1個が目安です。

鍋に、水が具材に対してヒタヒタになるくらい入れましょう。しょうゆ、酒、みりん各大さじ2に対して300mlです。玉ねぎを入れ、牛肉も冷たい中へ入れてほぐします。中火で20分煮ます。アクが出たらとりましょう。

どんぶりにごはんを盛り、牛丼の具をたっぷりのせて完成です。しめじを入れてカサ増しするのもおすすめです。その場合は水分を少し減らして調整してください。

✔2色どんぶりは玉ねぎを少なめに

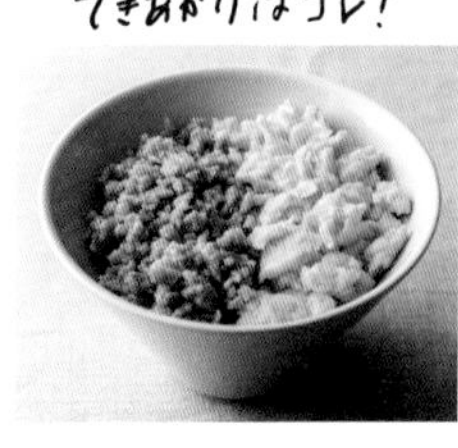

鶏そぼろも1：1：1です。卵そぼろと合わせて2色丼にしたり、冷めてもおいしいので、次の日に食べたり、お弁当のごはんにのせるのにもとても便利です。

まず鶏そぼろを作ります。鶏そぼろは、味を濃くつけたいので煮物の味つけですが水を使いません。玉ねぎ少しをみじん切りにしておきます。鶏が主役なので、鶏に対して4分の1ほどの量にして、玉ねぎの風味と甘みを足す程度の量にしましょう。鍋に、玉ねぎ、ひき肉、しょうゆ、酒、みりん各1を冷たいまま全部入れて、グツグツ煮込みます。鶏そぼろは、水は入れませんが、しっかり味をつけたいので最初から煮込みます。そして、**汁気はほんのり残るくらいで火をとめて完成です。**鶏そぼろがあるので、ひき肉の量は1人分50gと半分くらいがいいでしょう。2人分なら、ひき肉100gで大さじ各1です。

卵そぼろは、卵1個が1人分です。2人分なら、卵2個に対して牛乳大さじ1、塩少々です。これらをボウルに先にすべて混ぜておきます。フライパンにサラダ油を入れて中火にかけ、フライパンが温まったら、卵液を入れてざっくり混ぜてそぼろにします。先にすべて混ぜ合わせているので、あとが簡単です。牛乳が卵そぼろをふわふわにします。

ごはんの上に鶏そぼろと卵そぼろを乗せて完成です。

和食のコツ

魚の煮つけ、蒲焼き、照り焼きも全部1：1：1

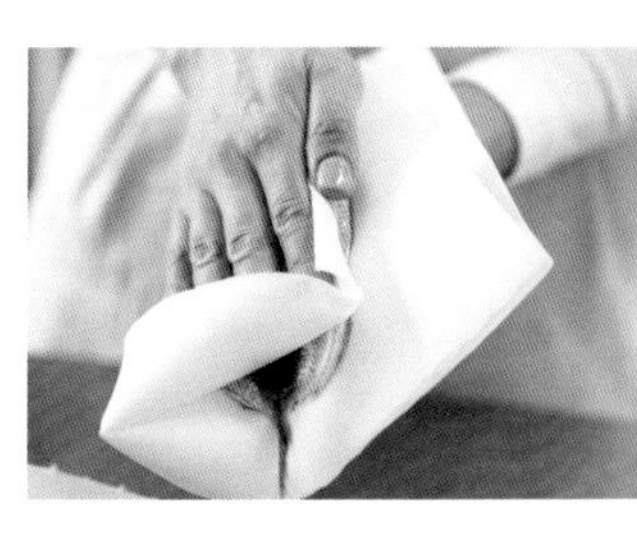
ペーパータオルで全体を包み、しっかりと水気を取ります。

これまでお肉を紹介しましたが、ここからは魚料理です。味つけもすべて肉料理と同じく1：1：1でできます。

魚料理が肉料理と違うところは、焼き魚のときに、調理の最初に魚の臭みをとるプロセスが加わることです。このひと手間で味がグンと変わるので、ぜひやってみてください。慣れない方は少し面倒かもしれませんが、塩を振って待つだけなので、習慣化できると苦にならなくなります。それよりも、おいしさにやみつきになるはず。**ちなみに煮魚は、調味料が煮立ったときに入れ、それが臭みをとるので必要ありません。**

魚の臭みの取り方にはさまざまな方法がありますが、いろいろ試した結果、次の方法が最も簡単で日々続けられました。

✓ 臭みとりは、塩を振って10分待つ

焼き魚のときはしっかり臭みを取りたいので、魚の両面に塩を振って10分ほど置きます。**そうすると生臭さや余計な水分が出てくるので、ペーパータオルでしっかり水気を拭き取ります。**調理全体が始まる最初のほうにこれを行い、その間に別の食材を切るなどしましょう。こうすることで魚の旨みが凝縮されます。

できあがりはコレ！

汁が煮立ってから魚を入れると、臭み取りも兼ねられます。

✔カレイの煮つけは沸騰した中に入れると臭くならない

難しそうな印象のカレイの煮つけですが、これも1：1：1で作れば簡単です。**ぜひ、煮つけはフライパンで作ってみてください。**フライパンだと平らなので魚同士が重ならず、煮崩れしにくいからです。

肉じゃがや親子丼などは煮汁が冷たいままで食材を入れていましたが、煮魚は煮汁が煮立ってから魚を入れます。**煮魚は、煮立ったときに魚を入れると臭みとりの役目をはたします。**また、魚の身がきゅっと締まり、煮崩れしにくくなります。

カレイ2切れ（1切れ100g程度）は熱湯をかけて臭みをとります。しょうがの薄切りをひとかけ用意します。

フライパンに水100㎖としょうゆ、酒、みりん各大さじ2、しょうがひとかけを入れて火にかけます。しょうがひとかけとは、2センチ、親指のひとふしくらいです。水分の量はヒタヒタがいいので、魚が水から出るか出ないかになるよう水分量を調整してください。

煮汁が煮立ったらカレイを入れ、アルミホイルの落としブタをして弱火で10分煮込

みます。途中で1、2度フタをあけ、煮汁をカレイにかけます。

カレイを煮るときにお好みでわかめや玉ねぎ、しめじを入れるのもおすすめです。魚のだしが出た煮汁が染み込みます。特にきのこは旨みが出るので煮魚をさらにおいしくします。

✔金目鯛の煮つけは砂糖をプラスする

ハードルが高そうな金目鯛の煮つけですが、作り方はほとんどカレイの煮つけと同じです。見た目が華やかで作ると気分が上がるので、金目鯛が安く売られているときは私は迷わず煮つけにしています。

金目鯛の煮つけは、甘みが強いのが特徴なので、1：1：1に砂糖も加えて1：1：1：1にしましょう。砂糖を入れると、甘みが強くなり、ツヤっとしたおいしそうな色が出ます。また、金目鯛の煮つけは汁の色に透明感があったほうがいいので、できればしょうゆを薄口しょうゆにするときれいです。薄口しょうゆは塩分が多いので本来なら比率をかえるところなのでしょうが、1：1を優先したいので、特にかえなくてもおいしいです。

切り身ではなく1尾丸ごとで作る場合は、内臓をとって、かぶと（頭）と胴体を切り分けます。

しょうがの薄切りひとかけを用意します。

大きめのフライパンに水100㎖と酒、薄口しょうゆ（なければ普通のしょうゆ）、みりん、砂糖各大さじ2、しょうがひとかけを入れて火にかけます。カレイと同じで水分の量はヒタヒタになるように調整してください。

煮立ったら金目鯛を入れ、アルミホイルの落としブタをして中の弱火で10分煮込みます。お好みでネギを入れてもいいでしょう。途中で1、2度フタをあけ、煮汁を金目鯛にかけます。

✔サバとアジの煮つけも同じように作れる

カレイ、金目鯛のほかにはサバやアジも煮つけるとおいしいです。サバの場合は1：1：1にプラスして、**味噌を1で足したもので煮て、味噌煮にしましょう。**アジの場合は同じ比率で大丈夫です。

✔蒲焼きが焦げないようにするためには、最後に調味料を入れる

これで、煮つけがマスターできました。次に挑戦したいのは蒲焼きです。蒲焼きは焼き物と同じ、魚に小麦粉をつけて焼き、最後にタレをからめるという流れです。**これも、1：1：1がポイントです。**

蒲焼きが難しいのは、火をとめるタイミングです。長くなると、一気に焦げてしまいます。そこで、焦がさないようにするためには、先に魚に火をとおし、調味料を入れてぶくぶく泡が出てきてからんだら、すぐに火をとめます。これできれいな蒲焼きができます。

金目鯛の煮付け

煮つけは、沸騰している中に入れると覚える

煮るのはたった10分

あれば茶こしを使うと均等に小麦粉をつけられます。

タレがこれくらい残ったまま火をとめます。

✔いわしの蒲焼きは、最後に調味料を入れると失敗しない

おろしてあるいわしに塩を振り、10分ほど置きます。水分が出てきたら、ペーパータオルでよく拭き取ります。**いわしをキッチンペーパーを引いたバットの上に並べ、薄く小麦粉をつけます。**キッチンペーパーを引くことで、余分な水分を吸収でき、小麦粉がきれいにつきます。小麦粉は表も裏もまんべんなくつけましょう。

調味料を先に合わせておきます。**しょうゆ、酒、みりん各1、塩少々**を混ぜます。大体、いわし4匹で大さじ1です。いわし2匹で1人前です。

フライパンに油を入れて中火にかけ、温まったらいわしを皮目から入れます。ここで、油は多めに入れること。いわしなど、身が崩れやすい魚は、油を多めにひいておくと揚げ焼きっぽくなって崩れる心配がありません。

きれいな焼色がついたら裏返し、2、3分ほど焼きます。焼色がついたら魚はほぼ火がとおっているので、そこから2、3分と覚えましょう。いわしに火がとおったら合わせた調味料を入れてからめます。小麦粉がついている分すぐにからむので、**フライパンをよく見て、煮汁がぶくぶくとあめ状になってきたら火をとめます。**

できあがりはコレ！

このくらい焼き色がついたら裏返します。

✓ブリの照り焼きも、いわしの蒲焼きとほぼ同じ

ブリの照り焼きも、いわしの蒲焼きとほとんど同じです。**小麦粉を使うと蒲焼きになり、小麦粉なしだと照り焼きです。**

ブリに塩を振って10分ほど置きます。水分をペーパータオルで拭き取ります。

調味料を先に合わせておきます。**しょうゆ、酒、みりん各1、塩少々**を混ぜます。魚の蒲焼系は、2人分で大さじ1でしたね。ブリ2切れで大さじ1くらいだと覚えておきましょう。焼き色を濃くしたい場合はしょうゆを少し足してください。

油を入れて中火で温めたフライパンでブリを焼きます。きれいな焼色がついたら裏返し、3分ほど焼きます。

調味料を入れて、ぶくぶく泡が立ってあめ状になったらからめます。

和食のコツ

炊き込みごはんも、おでんも、ちらし寿司も

1：1：1

肉料理、魚料理以外でも、和食ならなんでも1：1：1の味つけでできます。**意外なのが、炊き込みごはん、おでん、ちらし寿司の具材まで、1：1：1でOKなのです。**もちろん、お好みでしょうゆを足したりみりんを足したりしてもかまいません。基本が1：1：1であることでいろんな料理に挑戦するハードルが下がります。

✓炊き込みごはんはほったらかし料理

炊き込みごはんは1品で野菜とたんぱく質と炭水化物がとれるので、あとは味噌汁だけで栄養的にもうOKです。具材を炊飯器に入れれば、あとは放っておくだけなので、今流行りのホットクックのように炊飯器でできるほったらかし料理と言えます。

炊き込みごはんの味つけも1：1：1でできます。**米1合につき大さじ1です。**ただ、お酒は食材の臭みを消したり柔らかくしたりする役割なので、炊き込みご飯の場合は省略してもかまいません。1：1：1のままが覚えやすい場合は入れてもいいです。

✓まいたけの炊き込みごはん

米2合は洗っておきます。

にんじんは細切りに、まいたけ1パックは手でほぐします。きのこ類は、洗うと風

まいたけは思い切って大きめにほぐしたほうが見た目がいいです。

できあがりはコレ!

味や旨みが落ちるのでそのまま使いましょう。油揚げは長さ4センチ程度の細切りにします。

炊飯器に米を入れ、次に調味料を入れます。**しょうゆ、みりん各1を入れます。**そのあと、炊きたい量の目盛りまで水を入れると、ちょうど水加減がよくなります。

そして具材をすべて入れ、炊飯ボタンを押します。野菜の水気が多いと全体の水分量が多くなってしまうので、水気をしっかり切ってから炊飯器に入れるのがポイントです。

炊き込みごはんの具材は自由自在です。魚もおすすめ。たとえば、鮭の切り身をそのまま上にのせて炊飯器で炊きましょう。**炊きあがったあとに、鮭の骨と皮をとって混ぜ合わせれば簡単です。**

ごぼうやしめじ、干ししいたけ、ひじきも炊き込みごはんと相性のいい具材です。タンパク質では、ほかにも鶏肉や牛肉、塩豚を入れてもとてもおいしいです。塩豚を入れると一気に中華っぽい炊き込みご飯になりますよ。

✔とてもおいしい自家製塩豚の作り方

塩豚は、ものすごくおいしいレシピがあるので紹介させてください。ただ塩をつけて置くだけなのにものすごくおいしいのです。そのまま食べたり、炒めものにしたり。

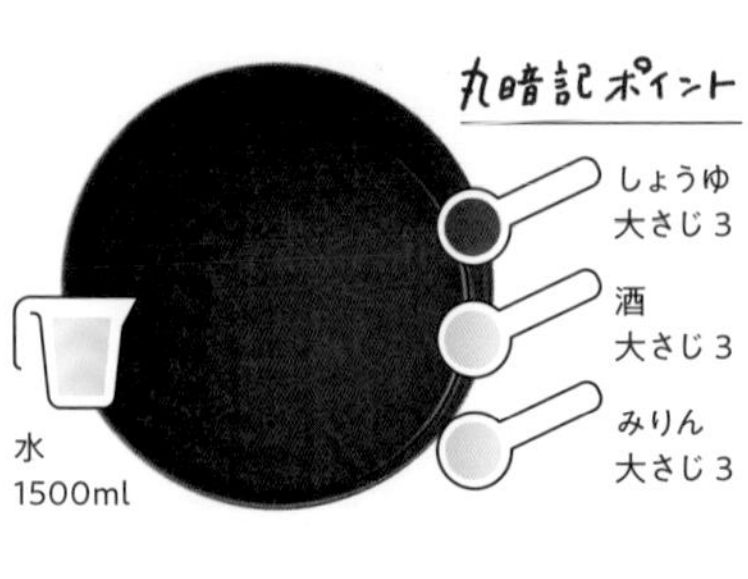

できあがりはコレ!

余ったら、スープや炊き込みごはんに入れたら本格派の中華になり、熟成された豚ならではの抜群の味が出ます。

作り方は豚肩ロースかたまり４００gほどに塩小さじ1をもみ込み、ぴっちりラップをして冷蔵庫で2日ぐらい置いておくだけ。置いているうちに水気が出て、旨みが凝縮されます。

塩豚は料理研究家の高山なおみさんのレシピ本でもよく登場するお料理です。保存性が高く、一度作るとやみつきになります。

✓おでんも1：1：1でできる

冬になると食べたくなるおでん。簡単だし、いろんな具材の味が楽しめます。これも味つけが１：１：１で作れます。大きな鍋いっぱい作るとして、大体１５００mlの水に対して、大さじ3ずつです。おでんはつゆの色が薄いほうがおでん屋さんっぽくきれいなので、可能な人は、しょうゆを薄口しょうゆにかえるといいでしょう。

具は、思い浮かぶものなら何でもいいのですが、スーパーで売られている練り物などがつめ合わされた練り物セットと手羽先は特におすすめ。味が出るからです。あとはそのときどきで好きなものを入れています。

練り物セットをザルに入れ、熱湯をかけて油抜きします。油抜きは必須ではないで

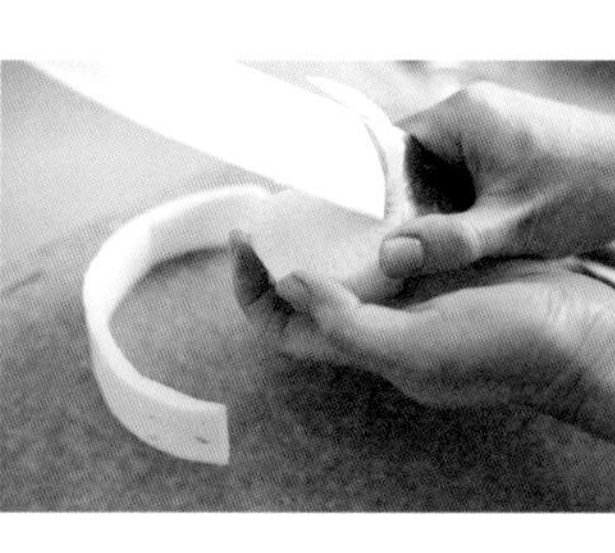
大根の面取り。

すが、したほうが油の浮かないクリアなおでんだしになります。他には、大根、こんにゃく、さといも、しらたき、ゆで卵などを入れましょう。

大根は輪切りにして皮をむき、できれば面取り（切り口の角の部分をぐるっと一周削ぎ落とす）をしましょう。こうすると、崩れず見た目がきれいです。そして、すっと箸が通るまでお湯で1時間下ゆでしておきます。

さといもを入れる場合は、15〜20分ほどやわらかくなるまで下ゆでしておきます。

鍋に水1500mlを入れます。それに、調味料（酒、みりん、薄口しょうゆ各大さじ3）を入れて練り物以外の具材を入れて20分ほど煮込みます。練り物も加えてさらに20分ほど煮て、完成です。

✔ちらし寿司は、季節によって好きなものを入れる

ちらし寿司は、見栄えがとてもいいのに簡単なので、ことあるごとに作っています。食卓が華やかで、ごちそう感があります。

ちらし寿司も1：1：1でできます。

ちらし寿司は、具とトッピングを分けて考えましょう。具は酢めしに混ぜ込むもので、1：1：1の煮汁で煮つけます。トッピングは、そのときどきにあるものにします。お刺身やイクラ、錦糸卵など「見た目が美しい」ゴールを目指せば成功します。

野菜は大きく切ってミキサーにセットします。

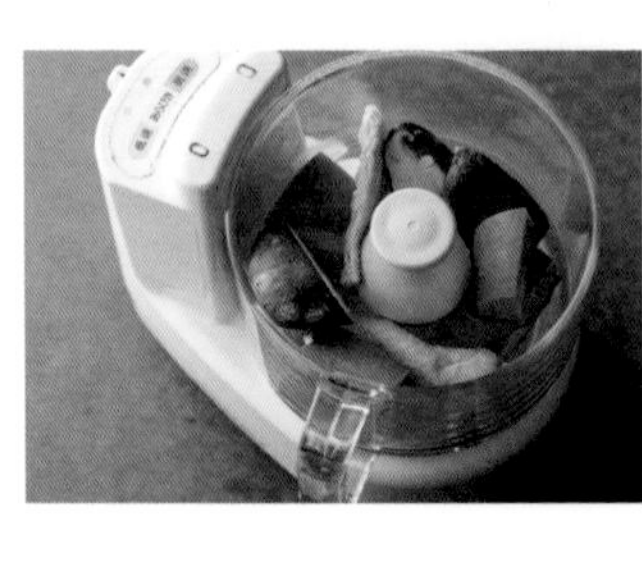

丸暗記ポイント

しょうゆ 大さじ1
酒 大さじ1
みりん 大さじ1
水 200ml

まず、鶏ひき肉と、油揚げ、にんじん、しいたけ、もどした高野豆腐を、ミキサーにかけます。ミキサーがない場合は、肉以外をみじん切りにします。ミキサーにかけたものをすべて入れて20分ほど調味料を入れて煮込みます。**比率は、フライパンに水200㎖、しょうゆ、酒、みりんを各大さじ1：1：1です。**

ごはんにすし酢を混ぜておきます。すし酢は作ってもいいのですが、私はもう買っています。すし酢に、煮込んだ具材を混ぜます。

ここまでできたら、好みで盛りつけをしましょう。基本的に錦糸卵とキュウリは欠かせません。カニカマも乗せると華やかになります。上にのせるものは、お刺身やいくらやエビ、菜の花など、季節によって好きなように楽しんでください。

✔具はいなり寿司にも使える

ちらし寿司の具材は、たくさん作って白いごはんに混ぜるだけで混ぜご飯としてもおいしいですし、いなり寿司の具材にもなります。

いなり寿司のおいなりさんは、油揚げをふたつに切って袋状にして、水200㎖に対して砂糖、みりん、しょうゆを各大さじ2で煮つけます。時間がなければ市販のいなり寿司用のものを使ってもいいでしょう。

Chapter 3

スープは
具材が
いちばん自由

スープのコツ

スープの具材は その日に目についたもの何でも

サラダという気分じゃないときは、スープがおすすめです。スープも、サラダと同じく、野菜は何でもいいので、無限大に楽しめます。だし×素材のことを押さえておけば、ちょっと慣れればおいしいスープを日々自分で編み出せます。

✓スープは3種類ある

スープには3種類あります。和風、中華風、洋風です。作るとき、まず今日のスープはこの3つの内から何味にしようと思うと簡単です。

これら3種類の違いは、だしです。和風は、だしは煮干し、昆布などです。洋風なら固形スープの素（コンソメやほかのブイヨン）。中華風なら中華スープの素を使います。特に、「和風」がめんどくさそうだなと思った方、いると思います。あとから、簡単にとる方法をお知らせします。

そして、それぞれのだしに対して、ベースを水だけにするか、トマトジュースや牛乳や豆乳などを足すと覚えておきましょう。色と味が一気に広がります。

和風と中華風は、牛乳などを入れるイメージがわかないかもしれません。でも、たとえばめんつゆと豆乳を合わせると夏場にぴったりの冷製スープになります。中華風なら、濃いめの中華だしの汁に牛乳を入れ、春雨や中華麺を入れると、担々麺のようなまろやかなラーメンになります。組み合わせのタブーはなく、飽きないようにいろいろベースを変えてみると意外となんでも合います。

牛乳と豆乳の注意点は、水で材料を煮込んだ最後に、全体の1／3～1／4くらいの牛乳か豆乳を加えることです。どちらも沸騰すると分離してしまうので、沸騰しないように注意しましょう。温める程度にして火をとめると覚えておきましょう。

スープに入れる具材は、基本は「余っているもの」で考えてください。スープの役割は冷蔵庫の野菜の整理です。

✔どんなスープも、きのこはだしを出しておいしくする

ひとつスープにおすすめの食材をあげるなら、きのこです。きのこはどんな味つけのスープにも合い、旨みを出します。きのこから出る汁気に旨みが含まれるので非常においしくなります。特にまいたけがいちおし。コクを出す上に、免疫力もアップすると言われています。

スープの調味料ですが、これはあまり入れなくても、だしの段階で結構味がついていますので、ほんのちょっとで大丈夫。固形スープの素と中華のだしの素はそれだけで塩分が入っていますし、煮干し、昆布も意外と塩分を持っています。**調味料は、どのスープでも最後に入れて、味見しながら、調える程度です。**

スープのコツ

具を3種類入れると絶対に失敗しない味噌汁になる

私がよく使うのは伊吹島いりこの「煮干魚類（いりこ）」（石丸弥蔵商店）です。

1尾5～6センチほどです。

✓いりこは、だしパックよりも簡単

うちの朝食は、白いごはん、味噌汁と卵焼きくらいの簡単なもの。なので満足感が出るように、味噌汁は具沢山にしています。

味噌汁の一番のポイントは「だし」。私がおすすめするのは、煮干しのだしです。煮干しだしと聞いて、めんどくさそうと思った方もいるかもしれません。でも、大きい煮干しを選べば、粉末だしパックよりも簡単です。

煮干しを買うときに、大きくて光沢があり、形がきれいなものを買いましょう。**1尾が5～6センチくらいのものにしましょう。**そうすると、400ml（カップ2杯分、大体2人分です）の水に対して3尾で十分だしがとれます。私が使っているのは「伊吹島いりこ」という煮干しです。使う煮干しが少ないほど内臓を取る手間が減るので、だしを取る心理的なハードルが下がっておすすめです。**内臓があると汁が苦くなってしまうので、このプロセスだけは面倒でもやってください。**

水に浸けて30分～ひと晩置くという作業は必要ありません。すぐに火にかけると、パンチのある旨みを楽しめます。**内臓のとり方は簡単で、頭をまずとり、そのすぐ下に入っている黒い塊をとるだけです。**やってみるとわかるのですが、内臓は頭をとらないととれません。

頭をとって、お腹の黒い部分をとります。

私は、とった頭は鍋に戻し、煮干しもそのままほかの具材と一緒に食べています。カルシウムにもなるし、いい煮干しなのでおいしくいただいています。気になる方は、もちろんだしをとったあとに除いても大丈夫です。

ちなみに、市販の和風だしの素は塩分が多めで化学調味料も入っているし、自然派の粉末だしパックはちょっとお高いし、すぐなくなってしまって買い足すのが面倒。でも、煮干しはそこもクリアできます。

普通サイズの煮干しを使う場合は、4尾（10g）ほどの煮干しを使います。

ちなみに、お子さんが気にするなど、煮干しを丸ごと使うことに抵抗がある方は、内臓をとった煮干しをミキサーにかけて煮干し粉を作るのもおすすめです。だしも出るし、栄養価も高くなります。

✓スープの具は、水分全体に対して3分の1程度

お鍋に水とそのまま煮干しと具材を入れ、その後沸騰させましょう。

お味噌汁に入れる具材の量は、水分全体に対して3分の1程度にするとおいしいです。味噌汁に限らず、他のスープも同じです。

また、具は**3種類入れると、絶対失敗しません。**

1　素材から旨みが出るもの……油揚げ、ちくわ、きのこ、しじみやあさり、余りも

味噌を溶くのは火をとめてからです。

の の肉など

2　根菜……かぼちゃ、大根、カブ、さつまいも、ごぼう、にんじん、じゃがいもなど

3　葉物……乾燥わかめなど海藻、ほうれん草、水菜、キャベツなど

この3種類の具材が揃えばどう転んでもおいしいです。ちなみに、ここまで具沢山じゃなくてもいい人は、1、2、3の内どれかをふたつそろえましょう。違う種類のものを組み合わせることでおいしくなります。

具材に火がとおったら、火をとめてから味噌を溶きいれましょう。味噌溶きを使うときれいに溶けますが、溶ければ何でも大丈夫です。火をとめていれることで、味噌の風味が逃げません。

味噌は水400mlに対して私は大さじ1程度ですが、薄ければお好みで。食材で味を出すので、味噌は少なめで大丈夫です。十分に溶けたらもう完成です。

味噌は食べ慣れたものがおいしいと感じるので、ぜひ失敗しない味噌汁のために、自分が食べて育った味噌を使ってみてください。私は石川県出身なので、実家に帰ると「米こうじみそ」を必ず買ってきます。北海道や東北、関東なら米みそ、名古屋は赤みそ、関西は少し甘い米みそ、四国、九州は麦味噌でしょうか。また、興味があるなら、味噌を何種類か合わせてブレンドしてみてください。合わせ味噌は味に深みが

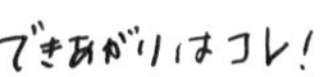

これは沸騰させた失敗例。こんな風に分離してしまいます。

出ます。一点注意したいのは、だし入りの味噌は使わないこと。だしだけでなく塩分が入っている場合も多いので、だしは煮干しと食材で別にとるほうがおいしいです。

✔白味噌と豆乳のスープはポタージュのようになる

味噌汁の応用でおすすめしたいのが、白味噌と豆乳のスープです。コクのある、ポタージュのような味噌汁です。

作り方は、味噌汁の味噌を白味噌にかえること。水は、豆乳を入れる分だけ減らして作り、火をとめて味噌を溶かし、最後に豆乳を加えて温めます。**最初のルールでもお話ししたように、豆乳は全体の１／３〜１／４程度入れましょう。**豆乳を加えたら、もう一度弱火にして、分離しないように気をつけながら温めれば完成です。**ふちにふつふつと泡が出るくらいでとめましょう。**

このスープには鮭やしめじ、大根がよく合います。

✔味噌汁が余ったら、冷やしておいて豆乳をそそいで冷製スープに

白味噌と豆乳のスープよりさらに簡単なのが、味噌汁にただ豆乳を足すだけの冷製味噌スープ。**夏場に余った味噌汁を冷やしておいて、そのまま豆乳を混ぜるだけで即席の冷製スープになります。**一見ギョッとする組み合わせかもしれませんが、豆乳鍋

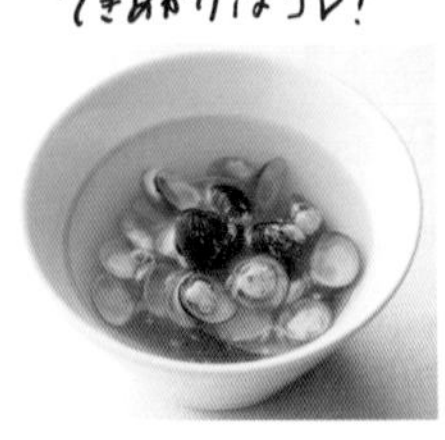

のような感じでまろやかでおいしいです。

✔冷や汁はそうめんの代わり種としてもおいしいごちそう

「冷や汁」は食欲のないときでもするすると喉に入る爽やかな料理で、冷たい味噌汁といったものです。具のない味噌汁を作っておき、**それにアジの身と、キュウリやなすなどの夏野菜を入れて、ぎゅっとつまった旨みを爽やかに食べます。**もともと九州や山形の郷土料理でごはんにかけて食べますが、そうめんにかけるのもおすすめです。まず具のない味噌汁を作ります。温かいだしに味噌を溶き、冷蔵庫で冷やしておきます。アジの干物をグリルでこんがり焼いて、骨を取り、食べやすくほぐしておきます。

野菜から出た水分がせっかく作った味噌汁を薄めるともったいないので、キュウリとなすは薄切りにしたあとに塩もみして、水気をよくしぼります。みょうがをみじん切りもしくは薄切りにし、すべてを合わせます。ごはんやゆでたそうめんの上にかけて完成。ごまをお好みで振りましょう。

✔すまし汁は貝を入れると一番おいしい

おいしいすまし汁の作り方も覚えておくと、レパートリーが広がります。作り方もしじみなら真水、あさりなら200mlに小さじ1の食塩水に浸け、アルミホイルなどでおおって冷蔵庫で2時間置きます。

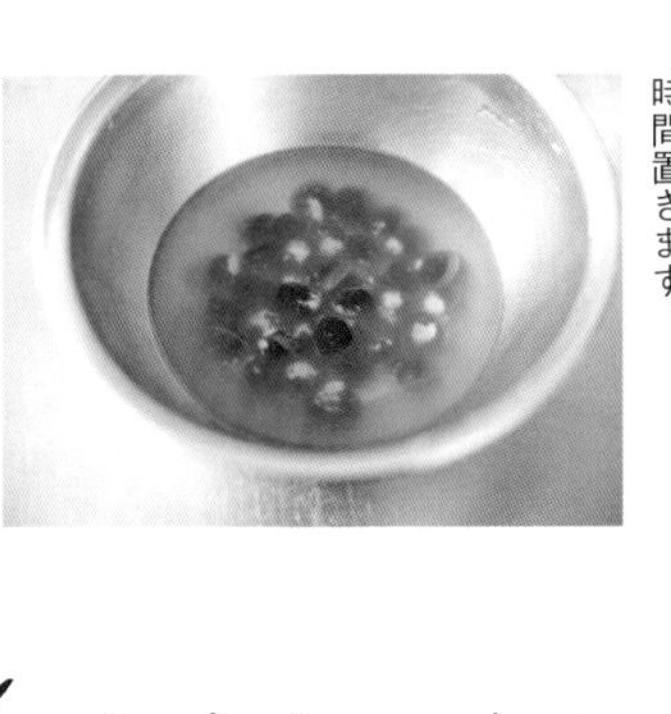

できあがりはコレ!

簡単で、澄んだスープになるように、煮干しを昆布にかえて水から煮だし、薄口しょうゆと塩で味を調えるだけ。**昆布は水200mlに対して5センチ角ほどです。**

すまし汁は、あっさりとしたおつゆを楽しみたいので、葉物の野菜や豆腐が相性がいいです。また、しじみやあさりもぴったりです。しじみ・あさりの場合はコハク酸という強い旨み成分があるので、昆布を入れなくてもかまいません。

ちなみに、しじみやあさりは砂抜き済みのものが売っていたら、そのまま水といっしょに火にかけて、しょうゆを入れるだけなのでとても簡単だし、とてもおいしいです。砂抜きする場合は、しじみなら真水、あさりなら水200mlに対して、小さじ1の塩を加えましょう。量に合わせて比率を調整してください。

✓とろろ昆布で究極のすまし汁

疲れて何も作る元気もないときに、とろろ昆布で作る究極の簡単すまし汁があります。お椀にとろろ昆布を入れ、しょうゆをちょっとかけて、上からをお湯を注ぎましょう。これだけで、即席のお吸い物ができます。風邪をひいたときなどにもぜひ!

✔だしの分量は、ざっくり丸暗記するとあとがラク

スープもレシピを見ずに作れるように、ひとり分のスープ＝水２００mlに対してどれくらいのだしがいるか覚えてしまいましょう。

煮干し……水２００mlに対して煮干し2尾ほど（５gほど）
昆布……水２００mlに対して昆布５×５センチほど
洋風スープの素……水２００mlに対して小さじ3分の１ほど
中華風だしの素……水２００mlに対して小さじ2分の１ほど

ちなみに、洋風スープの素や中華だしの素は、商品のパッケージに書いてある分量を入れると味が濃くなりがちなので、最初はパッケージの半量を入れ、味を見て残りを加えると失敗しません。

夏のお昼に。そうめんにもよくあいます

アジの干物と味噌の旨みが合わさると最高

冷や汁

スープのコツ

ミネストローネとクラムチャウダーは困ったときの簡単料理

できあがりはコレ!

✔クラムチャウダーは、あさりのバター蒸しをベースにしたスープ

先ほど、すまし汁の具にしじみとあさりをおすすめしましたが、貝は旨み成分が強いので、スープをおいしくする便利な食材です。和風ではすまし汁でしたが、洋風を楽しみたいときは、クラムチャウダーがおすすめです。

サンフランシスコで食べたクラムチャウダーがおいしすぎて、味を思い出しながら家でも食べられるように何度も作ってみました。このスープはそのまま飲んでももちろんおいしいですし、パスタを入れると、スープパスタにもなります。

クラムチャウダーのポイントは、ホワイトソースを作ることです。第5章の乳製品のところで詳しくやりますが、バター10gに対して小麦粉大さじ1を入れると、おいしいホワイトソースになります。それを牛乳とだし汁で薄めてスープにするイメージです。

まず、中に入る具をすべて切りましょう。

じゃがいもの皮をむき、電子レンジでチンするか、蒸して火を通します。火がとおったら、一口大に切ります。玉ねぎ、セロリ、にんじん、ベーコンはサイコロ状に四角

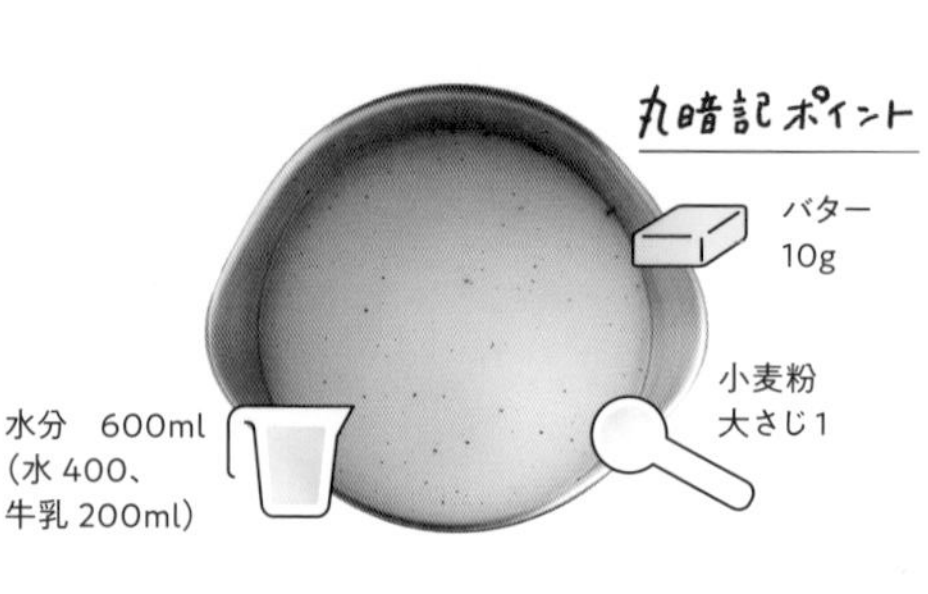

に切ります。5ミリ角くらいです。タイムとパセリは適量をみじん切りにします。ベーコンを入れるとそこからだしが出てよりおいしくなります。

鍋にあさりのバター蒸しを作ります。これで、あさりの身がおいしくなると同時に、だしも出ます。

バター10gを熱し、殻つきのあさりを入れたら、白ワインを少し入れます。だいたい大さじ2くらいですが、適当で構いません。フタをして貝の口が開いたら火をとめ、あさりを一旦ザルでとり出してこし、蒸し汁もとっておきます。

ここからはホワイトソースを作ります。鍋に中火で別のバター10gを熱し、貝以外の具をすべて入れ、炒めます。ここでも、具材の量は、スープ全体の3分の1くらいになるように入れましょう。

いったん火をとめて、具の上に小麦粉大さじ1を加え、具全体にしっかりまぶすようにします。ホワイトソースの料理すべてに言えることですが、**こうやって火をとめて小麦粉をまぶすようにすると、ダマにならずおいしいホワイトソースになります。**これに、あさりの蒸し汁、水を加えて混ぜながら野菜に火をとおします。

あさりを戻し、牛乳も入れます。ここで火をとおしすぎると固くなるので、さっと温めるようにし、パセリとタイム（あれば）を加えて完成です。タイムを入れると爽やかなミントっぽい味になります。最後に、塩とこしょうで味を調えてください。

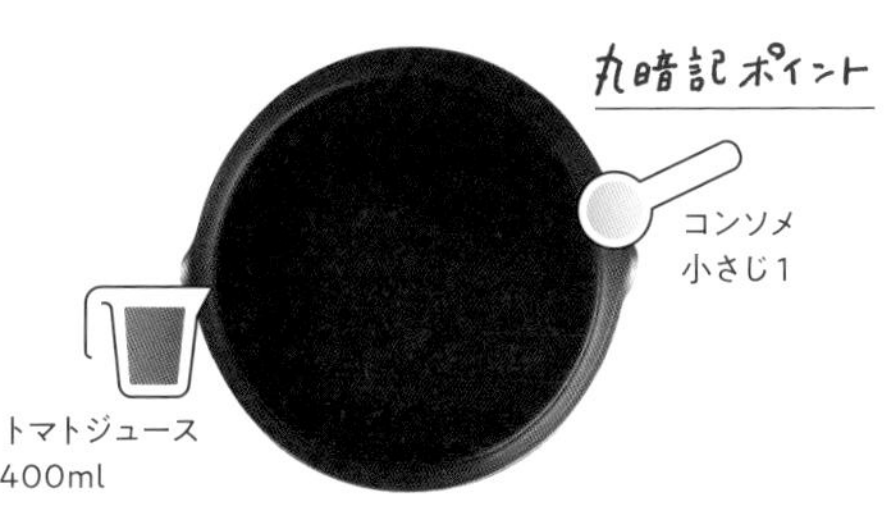

牛乳を生クリームにかえるとコクが出てさらにごちそう感が出ます。特別な日に使ってみてください。

✔ ミネストローネはいつものスープにトマトジュースを入れるだけ

ミネストローネはトマトの水煮缶で作るのが一般的ですが、トマトジュースで作ると、トマト缶よりもさらっとして飲みやすくなります。そして簡単にできます。ベーコン、にんじん、玉ねぎ、セロリをすべて1cm角に切ります。ベーコンは、旨みが出るので欠かせません。好みで、余っている豆やきのこ類を入れてもおいしいです。

鍋にトマトジュース400mlと洋風スープの素小さじ1(キューブなら1/2個)、切った食材をすべて冷たいところから15分ほど煮込んで完成です。これだけです。

トマトの水煮缶で作る場合は、トマトジュース400mlをトマト缶1/2と水200mlにかえてください。

我が家ではミネストローネにゆでたショートパスタやマカロニを加えて、スープパスタにするのが定番です。サラダと同じで、スープも炭水化物が入ると満足感が出ます。また、余ったミネストローネにカレールーをひとかけか、カレー粉小さじ1ほどを加えるとカレースープになります。余ったらカレーを楽しんでください。

あさりのバター蒸しを作って、その上に牛乳を注ぐだけです

根菜を入れるとお店並みのビジュアルになります

クラムチャウダー

できあがりはコレ！

✓スープを中華っぽくするのは、中華風だしの素

中華風のスープを作るのは、餃子、青椒肉絲（チンジャオロースー）、冷やし中華などメイン料理が中華系のとき。**サラダや味噌汁もそうですが、メインと系統をそろえると、メニュー決めがラクになります。**中華風のスープは群を抜いて簡単なので、知っておくとさっと作れるようになります。

スープを中華っぽくするためには、いちばんは中華風だしの素を使うことです。中華風だしの素は鶏ガラスープの素や味覇（ウェイパー）などいろいろありますが、いろいろ試して自分の好みを見つけてください。中華のだしは肉を使ったものが中心なので、牛肉や鶏肉をスープの中にいれてもだしが出ます。

中華風だしの素にしょうゆを入れ、あとは水溶き片栗粉を加えてとろみをつけるととろっとした中華風スープの完成です。中華風のベースはぜんぶこれ。あとは中身を変えていくだけです。

一番基本になる卵スープを、ぜひ丸暗記してみましょう。これが何も見ずに作れるようになると、いろんな余り物で中華スープに応用できるようになります。

卵スープの具は卵だけ。とても簡単です。1人前は水200mlに対し、卵1個としょ

菜ばしに沿って少しずつ卵を落としましょう。鍋の上でずらしながらすると、卵がかたまらず散るように落とせます。

うゆ大さじ1です。

ボウルに先に卵を溶いておきます。

鍋に水、中華風だしの素を入れて火にかけます。

汁が煮立ったら、菜ばしに卵を少しずつ伝わらせて、細く入れていきます。

卵がふわふわっとして固まったら、水溶き片栗粉（水2：片栗粉1の比率で混ぜる）大さじ1を加えて汁にとろみをつけ、しょうゆかごま油をたらして完成です。これだけです。簡単なのに、満足感のあるおいしさです。水溶き片栗粉を入れると、卵が細くなって見栄えがよくなります。

✓冷凍餃子を入れるだけでおいしい餃子スープになる

夕食が餃子の日に少し多めに作っておいて、残りを冷凍して中華スープに入れると味が出てとてもおいしいです。作り方は先ほどの卵スープの卵を餃子にかえるだけ。

ちなみに、市販の冷凍餃子をスープに入れるだけでもおいしいですよ。冷凍のまま、煮立った汁に入れてください。

餃子スープの応用で、餃子の代わりに鶏むね肉や鶏もも肉や豚バラを入れてもおいしいです。69ページの塩豚なども最高です。肉系のときには、わかめと干ししいたけ、

できあがりはコレ！

キクラゲを入れるのもおすすめします。**わかめは乾物をそのまま入れてOKです。**

✓中華スープだけで1品にするのもあり

ちなみに戻した春雨、ゆでた中華麺、袋麺のラーメンなどを中華スープに加えると簡単に1品料理になります。中の具材を肉や野菜など、多めにすればおいしく作れます。

食器は大皿・中皿・小皿を
まんべんなく持っておくと便利

洗い物を少なくするために、メインを大皿にドーンと盛り、めいめいが取り皿で取り分けています。食卓もおしゃれになりますし、一石二鳥です。

いちばん使うのが大皿です。これに入れて、あとは取り皿だけが基本スタイル。
木のお皿は「無印良品」のアカシアシリーズ、そば用のざる、作家ものの大皿などがあります。大皿はよく使うし、捨てるのも大変なので、長く使えるものがいちばん。だから、装飾が少ないプレーンなもの、あきのこない白などがおすすめです。

小皿

直径10cmくらいの丸皿は取り皿として重宝します。「無印良品」のアカシア、「iittala」、沖縄のやちむんなど旅先で買ったものをはじめ、いろいろなテイストを自由に楽しめるのが小皿です。「Komerco」に素敵なお皿がそろっているのでよくのぞきます。

中皿

中皿は、ひとりランチなどワンプレートのときに活躍します。特におすすめなのが、直径25cmくらいの楕円形。楕円というだけでパスタやカレーが映えます。白い丸皿も言うまでもなく万能。深さのあるお皿は丼用です。中皿は「iittala」や「ロイヤルコペンハーゲン」、あるいは遊びのあるものを旅先で買ったりします。

作っておくと重宝します。

✔夏に大活躍、薬味セット

毎年夏になると薬味セットを作っておきます。これがとても便利です。青じそやネギなどの和の薬味を合わせてタッパーに入れておきます。これがあると、そうめんや冷奴(ひややっこ)、うどん、サラダなど、なんでも薬味たっぷりになって夏のごはんの幸せを満喫できます。夏のごはんには大体この薬味があいます。タッパーの底にペーパータオルを敷くと水分を吸い取って新鮮さを保ちます。持つのはだいたい3日くらいです。このくらいでみょうがの切り口がいたんでくるからです。

量は適当でOKです。売られている1パックを混ぜるのが簡単です。目安で、青じそ10枚くらい、みょうが1パック（3個くらい）、これに小口ネギ1袋（5本くらい）、しょうが1かけを細かく刻んで水気を切り、ペーパータオルを敷いて入れておきます。

Chapter 4

スパイスを ちょっとかければ、 まったく違う味が 誕生する

スパイスのコツ

クミンシードとフェンネルシードさえあれば いろんな味を楽しめる

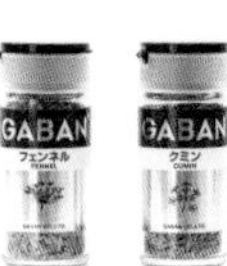

クミンシードとフェンネルシードだけあればOK。我が家は両方GABANです。

家にあればいいスパイスはふたつ。クミンシードとフェンネルシードです。このふたつとも、スーパーのスパイスコーナーにあるはず。もしなくても、ちょっといい食品を扱っているところにあるので、ぜひこの2本だけそろえてみてください。

シード（種）なので、少量で味が楽しめます。そして、それ以上に味のレパートリーがとても広がります。さっと一振りでいろんな食材の味が変えられます。いろいろ試した結果、最もコスパがいいのがこの2本です。

昔、カレー研究家の水野仁輔（じんすけ）さんと仕事をご一緒することがあり、スパイスについてかなり研究しました。スパイスは、ざっくり分けると大きく4種類あり、よく煮込むことで香りが立つものや、ガラムマサラのように辛みづけをするもの、ウコンのように色をつけるもの、**そして短時間で香りが出るものに分けられます。**前の3つは日々の家庭料理だと時間がかかったり煩雑なので、いちばん使えるのが、最後の「短時間で香りが出るもの」です。クミンシードはカレーっぽい風味、フェンネルシードは酸味のある爽やかな風味になります。

✔カレー風味になるのがクミンシード

クミンシードは、カレー粉の原料にも使われている、いわゆる「カレーの味」の主な香りです。じっくり炒めたり煮込んだりせずに、入れるとすぐに香りが引き立つので、非常に便利です。

カレー粉じゃだめなの？　と思われるかもしれませんが、カレー粉にはさまざまなスパイスがミックスされており、煮込むことを前提とされたものも入っているので、まさに煮込む料理でいちばん真価を発揮します。ですので、すぐ香りを出したいと思ったらクミンシードを使うほうが効率的です。また、パウダー状だと、食感が粉っぽくザラっとしてしまいます。シードのほうが見た目もおしゃれになります。

クミンシードが合う料理は、きのこ炒めやブロッコリー炒めなど野菜料理全般です。ざっくり言うと、クミンシードは、火をとおしてはじめて香りが立つスパイスなので、サラダ以外ならなんにでも合います。

特にガパオライスや海南風チキンライスなどのエスニック料理のとき、副菜にクミンシードをかけて焼いたものは相性がいいです。メインと副菜の味をエスニック系でそろえられるとレベルの高い食卓になった感じがして楽しいですよ。メインにカレーを作ったときの副菜も「サラダしか思いつかない」となりがちですが、野菜のクミンシード炒めにしたら、本場のインドっぽくなります。

✔じゃがいもをクミンシードで炒めるだけで本格的なインド風になる

油とスパイスで野菜を炒めるこの料理は、「サブジ」と呼ばれているれっきとした

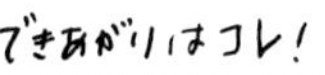

食材が温まってからクミンシードを振ります。

インド料理です。といっても、ただのじゃがいも炒めにクミンシードを振っただけのものですが、他のスパイスでは絶対に出せない香りと味です。たった数振りで本格的な味になるので、手の込んだ非日常感が出ます。じゃがいもは水に浸せば、さっと炒めるだけで食感がシャキッと食べられます。

じゃがいも2、3個をスライサーなどを使い、薄い細切りにして水に5分ほど浸します。**水に浸すのがシャキシャキのカギです。**

じゃがいもの水気を拭き取ります。

フライパンにオリーブオイル大さじ1を熱してじゃがいもを炒めます。じゃがいもが透きとおったら火がとおってシャキシャキになってきた証拠です。**塩少々とクミンシード小さじ1を入れて混ぜ、火をとめて完成です。**

✓フェンネルシードを入れるだけで、料理は洋風になる

もうひとつのおすすめスパイスのフェンネルシードは、ミントのような爽やかな香りです。レモンを思わせる香りで、ヨーロッパでは私たちがごまを使うような感覚でさまざまな料理に使われます。**クミンがエスニックな味に変えるとしたら、フェンネルは料理を西洋風にします。**

フェンネルシードがありがたいのは、火を通さずそのまま振りかけるだけで香りが

立つこと。**だからクミンシード以上に使い方が簡単で、火を通す料理はもちろん、サラダにも直接振りかけるだけでOKです。**するとあと味にふわっとミントの香りが広がります。

サラダだと、中華風や和風以外のサラダのどれにでも合うので、コールスローや、サラダのミントをフェンネルシードに置き換えたりなどしてもいいでしょう。

フェンネルは、もちろん生のフレッシュハーブでもいいのですが、結構高めなので、スパイスになっているフェンネルシードがコスパがよく日持ちするのでおすすめです。クミンシードもフェンネルシードも、スーパーでよく見かけるS&BやGABANのスパイスシリーズにラインナップされています。

メイン料理では、肉より魚のほうが相性がいいです。特に白身の魚によく合うので、私はタラや鮭に使うことが多いです。特にタラは、ホイル蒸しなど和風にしか使えないと思われがちですが、フェンネルシードがあるだけでバリエーションが広がります。

✔タラをごちそうにする、フェンネルシード焼き

このタラのフェンネルシード焼きは、フランス料理のようなバターとレモンの風味が特徴です。目標は、タラをカリっと焼くこと。臭みをとり、小麦粉をきちんとはたけばバッチリできます。

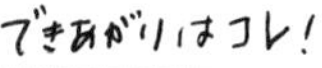

フェンネルシードは小さじ1くらい、お好みで。

まず、タラの臭みを抜きましょう。料理を始めるいちばん最初にタラに塩を振り、出てきた水分が臭みのもとなので、それをキッチンペーパーで拭きます。そのあと小麦粉をはたきます。小麦粉で、柔らかいタラの身がカリッと香ばしくなります。

フライパンにオリーブオイル大さじ1を熱し、フェンネルシードを入れて香りが出たら、タラを入れ焼き色がつくまでこんがり焼きます。2／3くらい火がとおると思うので、そうなったら裏返し、2分ほど焼きます。

火がとおったら、その上にバター10gをのせ、レモンをしぼりソースを作ります。あとからバターを入れることで、バターの香りと、トロっとした食感がおいしいソースになります。皿に盛りつけて、フェンネルシードを再び振り入れ、余裕があればレモンの薄切りを乗せます。フェンネルシードを火がとおらない状態でも入れると、香りがとてもよくなります。

✔フレッシュハーブが安い日は、何でも買ってみよう

このふたつのスパイスで日常の料理は十分豊かになりますが、フレッシュハーブも味を変える魔法の食材です。特に、ミント、パセリ、ルッコラは安い日にぜひ買っておき、トッピングにすれば洋風のサラダや肉や魚の蒸し、焼き料理全般を豊かにします。

ちなみに使って余ったイタリアンパセリやローズマリー、ミントの根っこをプランターに差したらけっこう育ちます。まず、根を水につけておくと、白いヒゲのようなものがちょこちょこ出てきます。それを土に挿せばＯＫ。これらは枯れにくく、お手入れも簡単です。

ミントがたくさんなったときは、ミント水によくします。ペットボトルにミントと水を入れて１時間ほど置くだけで、家でカフェ風のミントティーが楽しめます。長く置きすぎると臭くなるので、１時間で葉っぱを取り出すのがポイントです。

✓西洋のおいしい味が詰まったタブレ

フランスを代表する「タブレ」というサラダがあります。レモンとミニトマト、オリーブオイル、パセリという「西洋のおいしい味」がクスクスに詰まっている！という爽やかな料理です。**戻したクスクスと、切った野菜を和えているだけなのですが、それだけに見えないおいしおしゃれさもこの料理のいいところです。**

クスクスは、戻すのが実はとても簡単なので、常備してあるとすごく使えます。クスクスの上にお湯を注いで待つだけです。

まず、クスクス１／２カップに塩少々とオリーブオイル大さじ１を入れて混ぜ、お

クスクスはお湯、塩とオリーブオイルを一緒に入れて、10分ほどおくと戻ります。

湯100mlを注ぎフタをして10分ほどおきます。そのあとほぐしておきます。ちなみに、キヌアでも代用できます。キヌアの場合はゆでてください。

野菜を適量切ります。ミニトマト（ミニトマトのほうが味が酸味が強くておいしいのですが、普通のトマトでも）、キュウリ、玉ねぎ（できれば新玉ねぎまたは赤玉ねぎ）を、クスクスのサイズに合わせるようにできるだけ粗みじんに切りましょう。食感がそろうとよりおいしく感じます。

最後にボウルに材料をすべて入れ、いつものサラダのドレッシングである、オリーブオイル1、レモン汁1、そして塩少々で味つけしましょう。クスクスを戻すのに塩を使うので、塩は小さじ1／2くらいがいいでしょう。クスクスに味が染みるとよりおいしいので、少し寝かすのもとてもおすすめです。

じゃがいもの
クミンシード炒め

クミンシードを振るだけで本格的なインドの「サブジ」が完成

クミンシードは火を通すと香りが出ます

タラのフェンネルシード焼き

フェンネルシードをかけるだけでいつものタラがフランスのタラに！

バターの上に小麦粉が溶けるとレストランに出てくるごちそうです

クスクスがトマトとオリーブオイルのおいしさを吸い込んでいます

クスクスを戻すのは、お湯をかけて待つだけ

タブレ

絶対に失敗しないホワイトソースの作り方

乳製品のコツ

ホワイトソースの作り方さえマスターすれば
グラタンもシチューもキッシュもクリーム煮も
全部レシピを見ないで作れるようになります

ホワイトソースは、別のフライパンでソースのみを作るのが一般的ですが、ひとつのフライパンで具材を炒めた上にホワイトソースを作る方法をおすすめします。**こうしたほうがダマにならず、**手間も短縮できて一石二鳥です。

✓具材の上に小麦粉をまぶすように炒めるとダマにならない

少しクラムチャウダーのところで説明しましたが、まず、バターで食材を炒めます。火をいったんとめてから、**その上に小麦粉を振り、食材にまぶすようにします。**これが重要で、ダマになりません。そして、上から牛乳と塩を入れて煮込むだけ。

「ホワイトソースは面倒くさい」と思っている人もいると思いますが、この作り方なら普段の料理の延長で気軽にできます。

これさえできればホワイトソース缶やクリームシチューのルウを買う必要はありません。お金をかけず、しかも保存料なども入っていないクリーム系の料理がなんでも作れます。

この作り方を覚えてしまえば、あらゆる具材の応用がきくので、肉や魚はもちろん、野菜など、いろんなクリーム料理ができるようになりますよ。

火をとめてから小麦粉をまぶし、全体に行き渡らせます。

丸暗記ポイント

バター 10g
小麦粉 大さじ１
牛乳 200ml
コンソメ お好みで

✓グラタンは、フライパンひとつで作れる

ホワイトソース料理の代表格、グラタンの作り方をご紹介します。グツグツのクリームソースとチーズが混じりあうおいしいグラタンもすぐ作れます。**ちなみに我が家では、大きいルクルーゼのグラタン皿で作ったものをそのまま食卓に出すので、洗いものもひとつでラクです。**

グラタンの具材は、残っているものを何でも入れられます。クリームソースが何でもコクを出しておいしくしてくれます。ですので、冷蔵庫の余り野菜を一掃したいときにすごくいいです。よく合うのはベーコン、鶏肉、玉ねぎ、マッシュルーム、ほうれん草、ブロッコリーなど。火の通りが早いものにするほど、短時間で作れます。このあとのレシピでは、基本の野菜で紹介します。マカロニを入れると、炭水化物もとれてこれ一品で一食が完成します。

グラタンの手順は、フライパンでホワイトソースと混ざった具材を作ったあと、チーズをかけてオーブンで焼き色をつけること。中身にはすでに火が通っているので、オーブンの役目は、焼き色をつけることだけ、と覚えておきましょう。

そして、1人前のホワイトソースの分量は、ぜひ丸暗記しましょう。作っていると

ホワイトソースを買わなくても、こんなにトロトロになります。

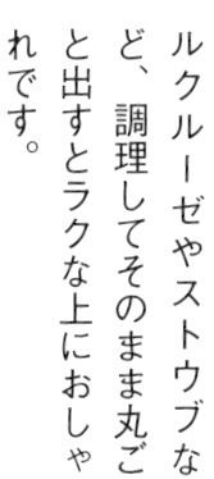

ルクルーゼやストウブなど、調理してそのまま丸ごと出すとラクな上におしゃれです。

きにラクです。**バターはひとり10g、牛乳はひとり1カップ（200㎖）、小麦粉は大さじ1、洋風スープの素は小さじ1です。**バターは10gごとにカットされたものや、自分で切れるメモリもあるので活用してみてください。洋風スープの素はキューブなら半個です。具材全体の目安は、グラタン皿1人分に入るくらいです。

まず、オーブンを200度に予熱しておきます。

マカロニを入れたいときは、マカロニもゆでておきましょう（これだけは別の小鍋が必要です）。

鶏もも肉は一口大に、玉ねぎは薄切りに、しめじは食べやすいサイズに分けます。

フライパンにバターを入れて温め、切った鶏肉と玉ねぎ、しめじをしっかり炒めます。具材に火が通ったら火をとめて小麦粉をまぶします。**しっかりと全体に粉がからむようにしましょう。**

牛乳と洋風スープの素を入れて、弱火でゆっくりととろみがつくまで混ぜましょう。そして、ゆでたマカロニを加えて混ぜ、グラタン皿に入れてスライスしたチーズか粉チーズを乗せます。

オーブンで10分ほど焼きます。グラタンはすでに火がとおっているので、オーブンをとめる判断は「焼き色がついたかどうか」だけです。オーブンではなくオーブントースターで焼き色をつけてもかまいません。**好みの色がついたところでとめてください。**あとは1～2度この方法で作れば、レシピなしでグラタンがすっかりマスターできるようになるはずです。

✓クリームシチューは、牛乳を2倍にするだけ

グラタンの作り方がマスターできたら、クリームシチューもできるようになります。変えるのは、牛乳を倍の量にすることだけです。**バター10g、小麦粉大さじ1で炒めた具材にグラタンの倍（ひとり2カップ）の牛乳を入れましょう。**味つけは塩をお好みでこれでOKです。

ちなみに、クリームシチューで注意すべきは次のひとつだけ。

それは、牛乳は煮込みすぎると分離してしまうこと。ですので、先に具材に火をとおしましょう。牛乳を加えたら、沸騰しないように弱火で混ぜ、汁にとろみがついたら火をとめます。鍋のフチに泡が出るくらいまでで火をとめましょう。**そのため、長時間煮込めないので、具材は小さく切って早く火がとおるようにします。**2センチくらいにするとちょうどいいです。これは、シチューだけではなく、スープなどで牛乳や豆乳を使うとき全般で言えます。

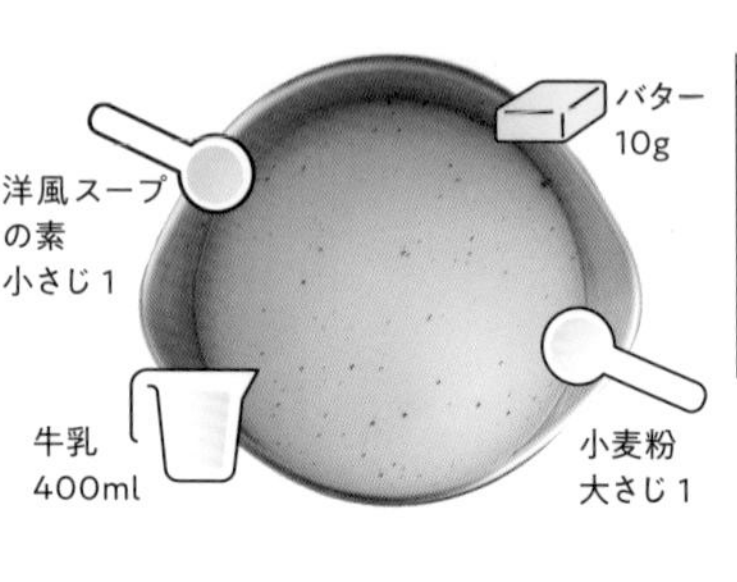

ルクルーゼやストウブなどは、調理してそのまま食卓に出せば、おしゃれに見える便利アイテムです。

キッシュも簡単にできます

おいしいキッシュも、ホワイトソースができるようになると作れます。手順は、グラタンに卵を混ぜ、パイシートにのせて焼くだけです。

卵は1人前のホワイトソースに対して1個を目安に加えてください。グラタンと違って卵に火をとおす必要があるので、200度のオーブンで15分ほど焼きます。

キッシュが手軽にできるようになったら、いよいよお料理上手です！

肉や魚、野菜も、クリーム煮にして味を変えられる

クリーム煮を紹介します。クリーム煮こそ、ぜひ覚えていただきたい料理で、これさえできれば、料理の幅がとても広がります。白菜とベーコンのクリーム煮やタラやサーモンなど、魚のクリーム煮、かぼちゃのクリーム煮など、野菜、肉、魚といろんな食材でできます。グラタンのところでも書きましたが、クリームソースはどんな食材もおいしくするので、今日は何にしようとスーパーや冷蔵庫の中の余りものを見て迷ったときはクリームソースのこともぜひ思い出してください。

作り方は、グラタンから小麦粉が抜けるだけです。小麦粉をからめるプロセスがないことでとろみがなくなり、さらっとしたクリームスープのような感じになります。

できあがりはコレ！

少しねじりながらつかむようにして水をしぼります。

注意点で書いたように、牛乳を入れる場合は長く煮込めないので、そこだけ気をつけてください。白菜やほうれん草やきのこなどの葉物なら気にせず作れますが、根菜ならば先にしっかり火を通してから牛乳を入れましょう。

魚なら、タラや鮭の切り身をバターで焼いて、野菜を加えてさらに炒め、牛乳を加えて弱火で煮込みます。

バターの風味が濃厚すぎるなと思ったら、バター10gをオリーブオイル大さじ1にかえるとあっさりします。さらに牛乳を豆乳にかえるとヘルシーです。最後にレモンを絞ってレモンクリームにしてもおいしいです。

✔ ほうれん草もクリーム煮にするとごちそうになる

クリーム煮の代表として、クリームドスピナッチをご紹介します。おしゃれなので、私もお客さんを呼んだときやクリスマスなどによく作っていますが、ただのほうれん草が特別感のある華やかな料理に早変わり。ほうれん草といえばごま和えくらい、という方、ぜひ試してみてください。ハワイのステーキ屋さんのつけあわせでも大人気ですね。ステーキやハンバーグなどと一緒に出すと海外っぽいごちそうになります。

✔ ほうれん草は冷水にとることでアクがとれる

このくらいとろみがついたら火をとめます。

ほうれん草1束は洗ってフライパンでゆでます。あとから炒めるので、2分ほどゆでて全体に色がかわったくらいで引き上げるくらいで大丈夫です。冷水にとりましょう。そうすることでアクがとれます。**そのあと、手でぎゅっとつかむようにして水気をしぼり出します。**そのあと2センチくらいに切ります。

フライパンにバターを熱し、中火でほうれん草を軽く炒めます。さっと炒めたら、牛乳または生クリームを200ml加えて弱火で混ぜ合わせます。これも、分離しないように、沸騰させないことに注意しましょう。

塩、こしょうを振り、味を調えます。好みで粉チーズをかけてもいいです。

牛乳で作るとあっさりし、生クリームで作るとかなり食べ応えのあるつけ合わせになります。

グラタン

ホワイトソースをわざわざ買わなくても小麦粉があれば作れます

火をとめて小麦粉をまぶすと、ダマになりません

クリームド スピナッチ

有名なステーキハウスの
つけあわせが自分の家
でも！

ほうれん草が甘く
なって、いくらでも
食べられます

乳製品のコツ

クリームパスタはとても簡単なのにみんなの心をつかむ

できあがりはコレ！

ポルチーニは戻して粗みじん切りにします。

✔ワインバーのポルチーニのクリームパスタも家で作れる

ワインバーやイタリア料理で食べるポルチーニのパスタも、家で作れます。実はとても簡単。生クリームを使い、豪華になるので、私は勝負料理にしています。おもてなしのとき、特別な夕食にしたいときにぜひ作ってみてください。盛り上がりますよ。

このレシピでいちばんの山場は乾燥ポルチーニを買うところ。大きめのスーパーや輸入品を取り扱う食材店にあるはず。もし手に入らなければしめじとベーコンで作れば、かなり近い味わいにはできます。

また、このパスタはぜひ生クリームで作ってください。牛乳でもできますが、せっかくなので、生クリームのほうが格段においしくなります。そして、生クリームは濃いめのもの（乳脂肪分36％以上）を使えばよりいいでしょう。

まず、いつも通り、時間のかかりそうなものから先にとりかかりましょう。乾燥ポルチーニはふたり分で20ｇ（大体1袋がこのくらい）ほどです。これをぬるま湯に30分程度浸して戻したあと、ざくざくとみじん切りにします。戻し汁はあとで使うので、捨てないように注意します。ポルチーニは乾燥を戻したものなので、大きく切ると食感が悪くなります。

しめじはほぐして食べやすい大きさに切ります。きのこは洗うとせっかくの風味と旨みも流れてしまうので、ぜひ洗わないようにしましょう。にんにくはみじん切りにします。

パスタ（できれば生で平打ち）を表示時間どおりにゆでましょう。フライパンにオリーブオイル、にんにくを入れ弱火にかけます。弱火にしたほうが、オイルににんにくの香りがしっかりうつります。香りがしっかり立ってきたら、中火にし、しめじ、ポルチーニを入れて軽く炒めましょう。こうやって、先に火を入れておきます。

乾燥ポルチーニの戻し汁を100ml入れ、軽く煮たて生クリームを入れます。**生クリームはひとり100㎖と覚えましょう。**生クリームも牛乳と同じく分離しないように気をつけましょう。塩こしょうで味を調えます。じつは味つけはここだけ。きのこと生クリームの旨みがあるので、塩は少しで十分おいしいです。ゆであがったパスタをソースにからめてできあがりです。小麦粉は入れず、ホワイトソースにしないほうが本格派っぽくなります。

✔鮭としめじのクリームパスタは、鮭をそのままフライパンでほぐすと簡単

もうひとつ、クリーム系のパスタを紹介します。こちらのレシピは、生クリームを使わずに牛乳と小麦粉で作る普段使いのごはんです。

鮭としめじのパスタをご紹介します。ツナやほかのキノコ、葉物野菜などにも置きかえられます。**鮭を切り身のまま焼き、フライパンでほぐせば手間がかかりません。**

まず、しめじは石づきを取って、洗わずに食べやすい大きさにほぐし、切ります。にんにく1かけをみじん切りにします。

パスタを表示どおりにゆでます。

パスタをゆでている間に、塩こしょうした生鮭をオリーブオイルをひいたフライパンで焼き、皮と骨をとり、ほぐします。

フライパンに、鮭の上に1人前ならバター10gとにんにくを炒め、香りが出たら、しめじを炒めます。火をとめて小麦粉大さじ1をまぶすようにしましょう。牛乳200mlと洋風スープの素をお好みで入れ、火をつけとろみをつけます。**バター10g、小麦粉大さじ1、牛乳1カップというクリームソースと同じ分量で作りましょう。**

ゆで上がったパスタをフライパンに入れて和えたらできあがりです。

できあがりはコレ！

端を抑えて、皮からたらこを押し出します。

✔たらこパスタはボウルにゆでたパスタを入れるだけ

クリームパスタではないですが、我が家で一番登場回数が多いたらこパスタをご紹介します。**これは、ボウルにほぐしたたらことバターと昆布茶を入れておいて、ゆでたパスタを入れるだけ。**我が家では、朝にボウルの中にこれだけ用意して冷蔵庫に入れておきます。そうすれば、帰ったらパスタをゆでるだけです。また、パスタは何でもいいですが、うずまきの小さいショートパスタだと、小さい鍋でゆでられます。

たらこパスタは市販のソースも売られていますが、自分で作ると簡単なのに驚くほどおいしいです。昆布茶とバターで味つけをするのがポイントです。

分量は、たらこはひとり1腹、バター10g、昆布茶は付属の小さじ１／２（なければ3倍濃縮のめんつゆ大さじ１／２）です。

パスタ（ロングでもショートでも）１人前を表示どおりにゆでます。１人前は、大体１６０〜２００グラムです。

その間に、まずボウルでたらこをほぐしましょう。**スプーンで皮からしごくようにします。**皮がないほうが、食感がよくなります。手間はここだけです。これに、バターと昆布茶を入れておきます。

パスタがゆで上がったら、水分がちょっとほしいので、ざっとだけ水切りをしてボウルに入れます。ソースがからまったら完成。お皿に盛りつけます。お好みで刻んだのりや青シソをのせてください。いくらをのせれば急に豪華になります。辛いのが好きなら、明太子でももちろんOKです。このたらこパスタは冷めてもおいしいので、お弁当のおかずとしても使えます。

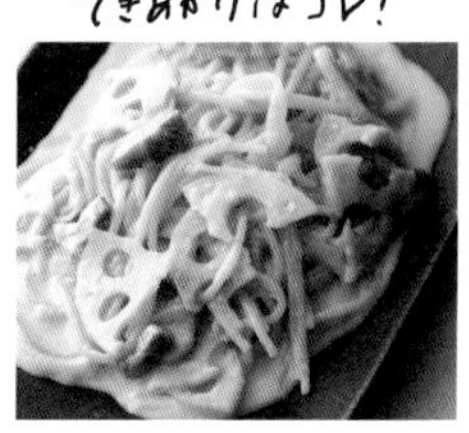

✓フライパンひとつでパスタを煮込む「ワンパン」をマスター

今、クックパッドで大人気の「ワンパン」レシピ。ワンパン、つまりひとつの鍋で作れる料理なのですが、特に人気なのがワンパンで作るパスタです。

普通パスタはソースとは別にゆでないといけませんが、最初からパスタも入れて一緒に煮込んでしまいます。簡単で、しかもこれがおいしいから驚きです。私も家にあるもので実験し、ワンパンで簡単にできる豆乳スープパスタを編み出したので紹介します。

ひとり分の分量です。

れんこんと玉ねぎを薄切りにし、ベーコンは食べやすい大きさに切ります。

大きめのフライパンにバター10gを熱し、具材をすべて一緒に炒めます。簡単にしたいときは電子レンジで野菜がやわらかくなるまで温めてください。

同じフライパンに水３００ml、洋風スープの素小さじ2分の1、塩少々を加え、そのままパスタをふたつに折り、**汁が冷たい状態から入れます。**そのあと中火にかけます。

沸騰したら、パスタがくっつかないように何度か混ぜます。そのあとはフタをしてパスタのパッケージに表示されている時間どおりにゆでてください。

ゆで上がったらフライパンに豆乳１００mlを入れてさっと温め、完成です。ちなみに、これはスープでパスタを煮込みたいので、小麦粉は入れません。

ポルチーニのクリームパスタ

コンソメなし、生クリームを使うのがプロっぽい味にする

家でワインバーの味ができる

乳製品のコツ

粉チーズとかたまりのチーズがあれば豊かな冷蔵庫になる

チーズは冷蔵庫にあると、何かと使えるので、ぜひ常備しておきましょう。サラダやスープのトッピングにも、急におつまみが食べたくなったときにも、朝ごはんに何もないときにも、いろんなときに便利です。

持っておけばいいチーズはふたつ。

●パルメザンの粉チーズ

●ブロックのパルメザンチーズかチェダーチーズ

私はいつもこのふたつを常備しています。

✔粉チーズはスープに振りかけると特別感が増す

ちなみに、とろけるチーズはあまり買いません。**賞味期限が短めで使い切れなかったりするので、このふたつのほうがコスパがいいという結論にたどり着きました。**

まず、粉チーズはスープに振りかけることが多いです。洋風のスープにはなんでも合うので、食べる前にざっと多めに振りかけると、見た目も味もちょっと豪華なスープです。グラタンに振りかけることもあります。

✔かたまりのチーズはちょっとした贅沢品

じつは粉チーズでも全部まかなえてしまうのですが、かたまりのチーズには大きな

家にある大根おろし器でチーズを削れます。

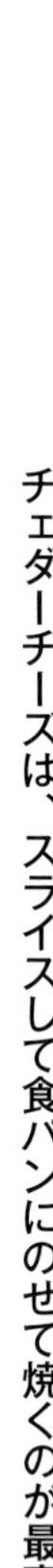
チーズがとろけたら黒こしょうを振ります。

魅力があります。かたまりのチーズを家でおろすとおいしいし、特別感も出るし、大きめに切ればおつまみにもなります。トーストにのせてこしょうをかけても最高です。

削りたいときは、家にある大根おろしのおろし金で十分です。 おろし金でも十分細かく削れて、おしゃれな見た目になりますよ。

自分でおろしたチーズをサラダに入れるとシーザーサラダ風になり、また、ピザを作るときに、とろけるチーズのかわりに上に乗せると本格的になります。

チェダーチーズは、スライスして食パンにのせて焼くのが最高です。 上に黒こしょうを振るだけで、子どもには食べさせたくない、大人の特権の食べ物になります。

また、夜にお酒を飲むときに、ツナと切ったチーズを混ぜたり、チーズにアンチョビをのせると、おいしいおつまみにもなります。全然凝っていなくても、チーズの旨みがおいしいおつまみにしてくれます。ちなみに、アンチョビは缶詰のものだと1回で使い切らないといけないのが面倒なので、瓶入りのものが使いやすいです。

余談ですがアンチョビはゆでてつぶしたじゃがいもと混ぜて塩をかけるだけで大人の簡単ポテトサラダができます。おつまみとしても、副菜としてもおすすめです。

Chapter 6

これ1本だけで味が決まる調味料

調味料
これ一本

これ1本で味が決まる

これまで、サラダならオイルとお酢を1：1、和食ならしょうゆとお酒、みりんを1：1：1とご紹介してきました。味噌汁の味噌などを含め、調味料は最低限、これまでご紹介したものがあれば十分です。シンプルだし、回転がいいので、賞味期限を気にすることもありません。

ドレッシングや市販の「合わせ調味料」を買わなくなると、冷蔵庫もとてもすっきりします。めんつゆや焼き肉のたれなど、どうしても忘れて賞味期限が切れてしまったり、量が多いと冷蔵庫の場所も取ります。

では、そもそも「合わせ調味料」は何のために存在しているのでしょうか？ **それは、味を簡単に決めるためです。**あれこれ自分で合わせなくても、料理をおいしくする調味料がたくさん入っています。ただ、味が決まっているので、何に使っても、いつも「同じ味」になってしまうのが難点です。

ただ、「調味料を合わせるのすら面倒」というときには、たった1本で味が決まり、おいしくしてくれます。次からご紹介するこれらの調味料は、ポン酢など王道なので「いつも味が同じで飽きる」ことも比較的少なく便利ですので、ぜひ試してみてください。その上、ここで紹介するレシピは、塩やしょうゆなど他の味つけは一切入れず、この一本だけで完成する、究極のお手軽料理です。

買うと便利な調味料はこの4つ。「実生ゆずぽんず」（カネトシ）、「李錦記特製オイスターソース」（李錦記）、「塩麹」（伊勢惣）、「オーガニック有機ヒカリトマトケチャップ」（光食品）です。

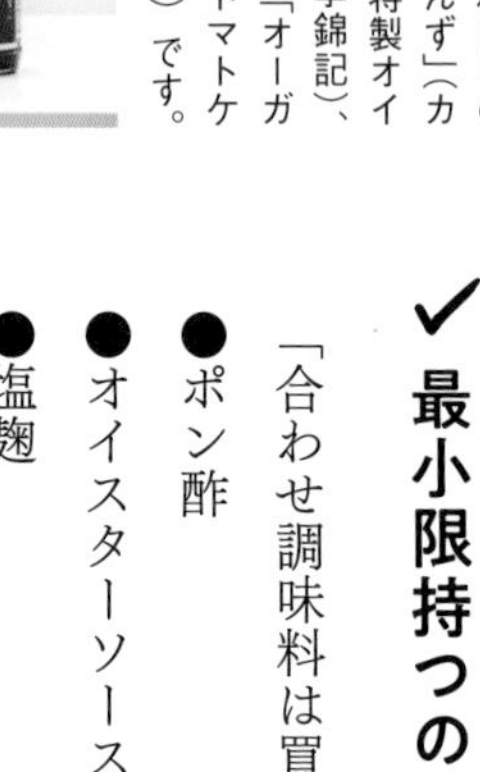

✓最小限持つのはこの4つ

「合わせ調味料は買わない」と決めた上で、最低限あると便利なのが、

●ポン酢
●オイスターソース
●塩麹
●トマトケチャップ

です。この4つだけは、あれば便利です。食べ慣れているので、比較的飽きるということも少ないし、余裕があるときには、しょうゆなどの基本の調味料と合わせて、より味に深みも出せます。

✓ポン酢は、すでにお酢としょうゆが混ぜられている

ポン酢（正しくは「ポン酢しょうゆ」）は、みなさんご存じのとおり、柑橘類の果汁と酢、しょうゆが合わさっています。

我が家では、酢の物はポン酢1本です。特に、乾燥わかめと好相性で、わかめと納豆の酢の物やわかめとキュウリの酢の物などは、すぐできる和食の副菜として大活躍。

これに、余裕があるときは刻んだ梅干しを加えたり、旨みを足したいときはかつおぶ

しを加えたりと、アレンジするのも簡単です。

また、ポン酢は韓国風ドレッシングを作るのにも便利です。ごま油をポン酢に同量混ぜるだけでもうドレッシングのできあがり。韓国風ドレッシングはごま油、酢、しょうゆで作りますが、ポン酢は酢としょうゆがすでに合わさっているから便利です。

さらに、おすすめなのが炒め物にすること。爽やかなしょうが焼きのような味がポン酢1本で出せます。**合わせ調味料のいいところは、たくさんかけなくても、すぐおいしくなるところです。**

✓ 豚肉をポン酢で炒めるだけでおいしい

しょうが焼きで紹介しましたが、ポン酢炒めもしゃぶしゃぶ用の豚肉を使うと、やわらかく、火のとおりが早く、すぐにできあがります。

全体としては、玉ねぎと肉に火をとおしたあと、最後にポン酢を入れるという流れです。玉ねぎはくったりさせたいので、先に炒めましょう。コツはそれだけです。**肉100gにつきポン酢大さじ1が目安です。**

まず、玉ねぎを薄切りにします。玉ねぎは、肉と同じくらいの量です。大体ひとり1／4個が目安です。フライパンにバターまたはサラダ油を熱し、玉ねぎを炒めます。

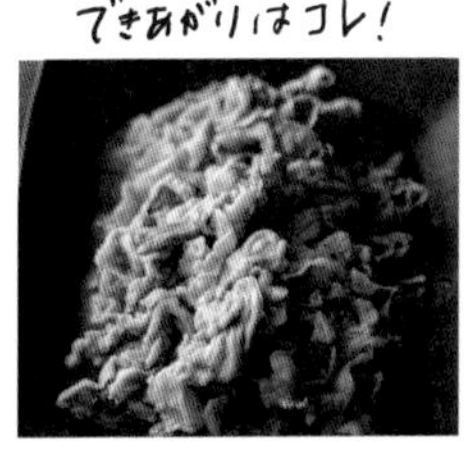

丸暗記ポイント

肉100gに対して
ポン酢大さじ1

玉ねぎに色がついたら、しゃぶしゃぶ用の豚肉とポン酢を加えて豚肉に火がとおるまで炒めましょう。

✔オイスターソースは、甘みとコクと強い旨みが魅力

オイスターソースは牡蠣の旨みをベースに、砂糖や油を混ぜて作られた中華風の調味料です。この1本で中華の味になります。箱などで売られている中華料理の素がなくても、これ1本で本格的な味になります。**オイスターソースを入れるタイミングは、最後です。**オイスターソースは砂糖が入っているので、最後に入れるとこげません。

✔焼きそば、焼きうどんもオイスターソース1本でおいしくなる

焼きそばはソースで、焼きうどんはしょうゆで味つけするのが通常ですが、オイスターソースで炒めると中華風の本格的な味になるのと、味がしっかり決まっておいしくなります。

味つけの目安は、焼きそば、焼うどん1玉につきオイスターソース大さじ1です。**手順としては、肉と野菜を炒めたあとに麺を入れ、最後にオイスターソースを入れましょう。**具材の多さにもよるので、味が薄い場合は少しずつオイスターソースを足してください。

九晴記ポイント
そば、うどん1玉につきオイスターソース大さじ1

オイスターソースは、麺を入れたすべての最後に入れます。

丸暗記ポイント
肉100gに対して
オイスターソース大さじ1

酒と片栗粉が全体に行き渡るようにもみこみます。

✓青椒肉絲（チンジャオロースー）にはオイスターソースが欠かせない

牛肉と野菜を炒める青椒肉絲も、オイスターソース1本で作るとおいしくなります。**おいしい青椒肉絲の決め手は、プルプルのお肉ですので、牛肉に片栗粉をまぶす工程は外せません。**手順としては、肉を炒める→野菜を炒める→最後にオイスターソースです。量は、肉1人前100gに対してオイスターソース大さじ1です。

牛肉切り落としに酒をかけ、片栗粉をまぶして手でもみます。

ピーマンはへたを除き、7ミリ幅くらいの細切りにします。ゆでたけのこも同じ大きさに切ります。しょうが、ネギはみじん切りにします。ピーマンはひとり2個、たけのこは水煮パックの1／4くらいが適量ですが、作りやすい量で大丈夫です。しょうがやネギは多めだとおいしいです。

フライパンに油を熱し、ネギ、しょうがを加え、香りが出たらお肉を入れて炒めます。

色がかわったらたけのことピーマンを加えて、オイスターソースを加えてからめたら完成です。

できあがりはコレ！

✔塩麹を使えば、味が深まってワンランク上がる

塩麹は、旨み担当です。塩プラス米の持つ旨みと甘みが加えられ、他に代えがたい味わいになります。炒め物にこれ一本を使ってもいいですし、下味にもいいし、スープや煮物に入れても味を深めます。**天然成分の旨み調味料です。**ですので、買ったらじゃんじゃん使ってください。

その中でもおすすめなのは、焼き魚に塗ること。お酒で下処理をするよりも旨みがききます。

✔さらに塩麹をつけて焼くと、本格的な漬け料理のようになる

ポイントは、魚に塗って30分以上置くこと。旨みがしみ込み、どんな魚でもしっとりします。ちなみに、タラ、鯛、鮭、カマスなど白身魚全般がおいしいです。前日の料理のついでに魚に塗っておくのがベストですが、難しい場合は、料理のいちばん最初に塗ってください。塩麹は全部拭っても、皮のあたりはジュージューと焦げますが、それがおいしいです。

そして、魚焼きグリルの上に、ぜひアルミホイルを敷いて焼いてください。そうすると、洗うのが大変なグリルを洗わなくてすみます。

塩麹はスプーンで、たっぷりつけて全体に伸ばします。

さわらに塩麹を全体にまぶし、30分ほど置きます。さわらの皮も含めて全体をペーパータオルでぬぐい、魚焼きグリルにアルミホイルを敷いて片面を8分くらいずつ焼けばできあがりです。

✔余った塩麹の使い方

塩麹は、唐揚げの下味にしたり、余った野菜と一緒にジップロックに入れて浅漬けにしたり、豚の塊肉を塩麹で1～2日浸けるのもおすすめです。お肉がしっとりとして、あとは焼くだけでおいしいです。

✔クリアで爽やかなおいしさになるトマトケチャップ

ケチャップは酸味と甘みがあり味がハッキリしているので、冷めてもおいしいのが特徴です。特に、お弁当を作るご家庭ではケチャップはあると便利です。たとえばアルミカップに入れた具材にケチャップをかけ、粉チーズを乗せるだけでピザ風になったりします。トマトは、旨みの成分であるグルタミン酸の宝庫ですので、入れると味が深まります。

丸暗記ポイント
肉100gに対して
ケチャップ大さじ2、
バター10g

このくらい焼き色がついたらバターとケチャップを加えます。

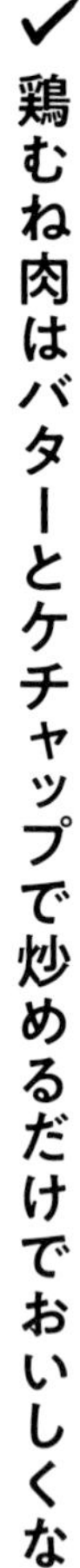

✔鶏むね肉はバターとケチャップで炒めるだけでおいしくなる

拍子抜けするほど簡単なのに、バターのコクと、ケチャップの酸味がおいしいのが、鶏むね肉のケチャップ炒めです。鶏むね肉のおいしい食べ方です。

パサパサしがちな鶏むね肉をぷるんと食べるには、酒と片栗粉を最初にもみ込んでおきましょう。そして、肉を炒めたら、最後にバターとケチャップをからめます。バターはケチャップと相性がよく、コクを足します。

鶏むね肉100gほどを一口大のそぎ切りにして、お酒をもみこみ、片栗粉をまぶします。1人前が**ケチャップ大さじ2と覚えておきましょう。**

フライパンに大さじ1のサラダ油またはオリーブオイルを熱し、鶏むね肉を焼きます。片面3〜4分ずつ焼けば大体火がとおっています。こんがり色づいて火がとおったら、バター10gとトマトケチャップ大さじ2をからめて完成です。

✔ナポリタンもケチャップ1本で作れる

同じようにケチャップとバターでとびきりおいしくできるのがナポリタンです。

ナポリタンの魅力は、パスタがもちもちなこと。ですので、ゆでたパスタをフライパンで十分炒めてもちもちにするのですが、よりもちもち感をあげるポイントは、1・

丸暗記ポイント

パスタ100gに対してケチャップ大さじ2、バター10g

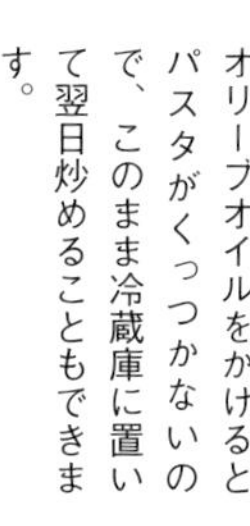

オリーブオイルをかけるとパスタがくっつかないので、このまま冷蔵庫に置いて翌日炒めることもできます。

7ミリくらいの太めのパスタを使うことと、パッケージの表示より1分ほど長めにゆでることです。

ゆでたパスタはお湯を切ってオリーブオイルをまわしかけ、からめます。**オイルを入れておくとくっつきません。**

ベーコン、にんじん、玉ねぎ、ピーマン、しめじはそれぞれ好きな量を食べやすい大きさに切り、フライパンで炒めます。しなっとなったほうがおいしいので、しっかり炒めてください。

フライパンにゆでたパスタを入れ、バターと、ケチャップを加えて、水分が飛ぶまで炒めます。パスタ1人前に対して、バター10gと、ケチャップ大さじ2くらいです。最後に塩を振って味を調えてください。皿に盛って好みでパルメザンチーズをかけ、完成です。

✔【おまけ】すし酢も便利です

すし酢は砂糖と酢とだしを合わせたものです。常備しておくほど必要な調味料ではないですが、ちらし寿司などのあとに余ると、私がよく作るレシピを紹介します。

すし酢は人工甘味料が入っておらず、砂糖と酢が使われている、ちょっといいものを選びましょう。富士すし酢（飯尾醸造）はおすすめ。

丸暗記ポイント
すし酢1とすりごま1

✔すし酢が余ったら、手羽元を煮込むとおいしい

お酢は肉を柔らかく甘くするので、手羽元を煮るのに最適です。フライパンに手羽元を入れ、水をひたひたになるまで入れます。**大体、水カップ1（200㎖）にすし酢大さじ1くらいを目安に入れ、水分がなくなるまで煮込みます。**

たったこれだけで爽やかな風味の、柔らかい手羽元ができます。

✔すし酢でごま酢和えにすると、1本通った味になる

すし酢があれば、青菜のごま酢和えは一瞬で作れます。

普通の酢で作ると砂糖や薄口しょうゆなどを混ぜないといけないのですが、すし酢は最初から酢と砂糖とだしが入っているので、何も足す必要がありません。だから、ゆでた青菜に、ただすし酢を混ぜるだけでできます。

春菊またはほうれん草などの青菜をゆでて水気をしぼり、食べやすい大きさに切ります。すし酢1とすりごま1をボウルにあわせ、春菊を入れて和えます。

たったこれだけ。驚くほど簡単です。**すし酢とすりごまを同量と覚えてください。**

青菜2分の1束に対して、大さじ1が目安です。

さわらの塩麹焼き

塩麹を魚に塗るだけで、皮のあたりがジュウジュウ旨みがすごい

魚焼きグリル＋アルミホイルで焼けば洗い物もゼロ

調味料これ一本

白ワインを使うとそれだけでおしゃれ料理

和食に比べて洋食は簡単です。使う調味料の数が少ないからです。ここまで、洋風スープの素やフェンネルシードなどをご紹介しました。

これらに加えて私がよくやるのは、白ワインで肉や魚を酒蒸しにすることです。**白ワインは食材の旨みや香りを引き出し、肉や魚を柔らかくして臭みをとります。**その上、蒸し焼きなら焦がす心配がないし、煮込み料理ほど時間もかかりません。この方法でレモンソテーやムール貝蒸しなど、簡単すぎるほどなのに、レストランでいただくような料理ができます。

白ワインは料理用ではなく、安い飲料用の白ワインを使います。辛口を選ぶことだけを守ってください。混じりけがないですし、余ったらそのまま飲めますよ。

✓レモンソテーにすると豚ロースもごちそうに

レモンとローズマリーの香りがする豚ロースのソテーは、普段の夕食のテンションをあげますし、ちょっと特別な日のディナーにもぴったりです。レモン汁を入れた蒸し焼きは、それだけで何でもおいしくしますが、いつもの豚もごちそうになります。必ずしも必要ではありませんが、輪切りのレモンを飾るとてもかわいくなります。これに、サラダとパスタ、あるいはバゲットのメニューにすれば、ちょっとしたレストランに来たかのような食卓です。

脂肪と赤身の間に刃先を入れ、筋切りをします。

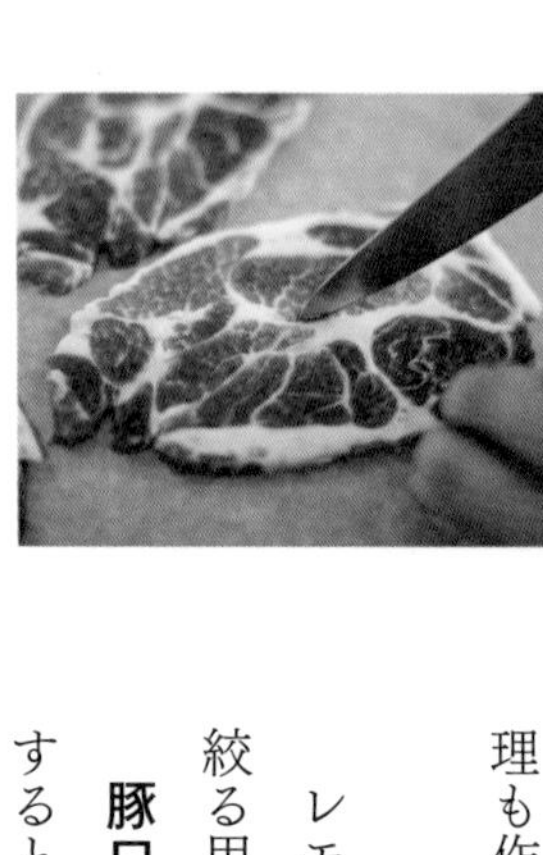

蒸しあがったら、レモン半分をフライパンに直接しぼります。

ざっくりとした全体の流れは、豚肉を焼いたあとに、白ワインとレモン汁を入れて5分フタをして放っておくだけです。最初にとりかかり、フタをしている間に別の料理も作れます。

レモン1個は半分に切り、片方を飾り用の輪切りにします。もう片方はレモン汁を絞る用です。

豚ロースは脂身と赤身の境目に包丁の刃先で浅く切り込みを入れていきます。こうすると火を入れたときに身が縮みません。切り込みを入れたら、塩、こしょうで味つけをし、小麦粉を肉全体にふるいかけます。小麦粉をつけると、旨みが逃げません。

フライパンにバターを熱し、豚ロースを焼きます。いい焼き色がついたら、フライパンに白ワインを注ぎます。お好みで、パセリまたはローズマリーをのせてフタをして5分ほど蒸し焼きにします。豚ロース1枚に対し、バター10g、白ワインは50ml（カップ1／4）です。

蒸し上がったらレモンを絞り、大きめの皿に盛りつけます。フライパンに余った汁をたっぷりとかけ、ローズマリーとあらかじめ切っておいたレモンの輪切りをのせて完成です。

焼き色のつけ方はお好みなので、しっかり茶色い焼き色をつけたいなら長めに焼き

ムール貝は砂抜きの必要はなく、洗って足糸をひっぱって取るだけです。

ます。私は薄いほうが好きなので、うっすらと焼き色がついたらすぐに蒸し焼きにしています。

✓ムール貝の白ワイン蒸しはあさりのバター蒸しと同じ手順で作れる

貝の酒蒸しも、簡単なのにレベルが高く見えるお料理です。あさりでもいいですが、ここではムール貝をおすすめします。あさりの酒蒸しと同じ手順です。冷凍で安く売られていたりするので、スーパーで探してみてください。ちなみに、生のムール貝が手に入る場合は、砂抜きの必要はなく、下ごしらえは、貝の横の部分の黒いひげのようなもの（足糸）を手でとることだけです。

にんにくひとかけをみじん切りにします。

フライパンにオリーブオイルを熱してにんにくを炒め、香りが立ったらムール貝を入れて軽く炒めます。その後、白ワインと、塩、こしょうを少し入れ、フタをして5分ほど蒸します。ムール貝10個に対して白ワインの量は100mlくらいです。

✓魚介のだしがおいしいバスク風のごちそうを作ろう

ここで、番外編ですが、白ワインではない蒸し料理をご紹介します。洋風スープの

素で作ります。

バスクの郷土料理に「MERLUZA EN SALSA VERDE（メルルーサエンサルサベルデ）」というのがあります。貝の酒蒸しに白身魚も入れて蒸し、洋風スープの素で煮込んだものです。魚介のだしが濃くてとてもおいしいです。

以前、スペイン北部のバスク地方にあるサン・セバスチャンという美食の街で食べて感動して以来、自宅でこれが食べたいと試行錯誤しました。この料理は、シンプルなのにオイルとソースの乳化によってすばらしいおいしさが引き出されます。イメージとしては、アクアパッツァに近い味です。簡単なので、ぜひ家庭でやってみてください。

本当はメルルーサという白身魚を使うのですが、これをタラに代えて自分なりにアレンジしたレシピを紹介します。鯛などもおいしいです。

入れる野菜は、にんにくときのこ類を入れるようにし、あとはトマトやズッキーニ、アスパラなどお好みで入れてください。手順としては、先にあさりを炒めてだしを出し、そのあとに魚を焼きます。最後に洋風スープの素と野菜です。

まず、野菜をすべて切っておきます。にんにくひとかけはみじん切りにします。きのこ類（しめじやまいたけ）は石づきを落とし、房を分けます。

アスパラガスは下5センチほどの固い部分の皮をピーラーでむきます。

レモンは半分に切っておきます。

フライパンにオリーブオイルを熱してにんにくを炒め、香りが立ったらあさりを入れてフタをして、貝の口が開くまで軽く蒸し焼きにします。

フライパンにタラの切り身を入れて表面をカリッと焼きます。そのあと、洋風スープの素と水を注ぎ、きのこ類、アスパラを入れてまたフタをして、コトコト煮ます。

魚ひと切れに対し、洋風スープの素小さじ1（キューブなら半分）と水300ml（1・5カップ）です。お好みでパセリをのせ、レモンをしぼっていただきます。

ムール貝の白ワイン蒸し

あさりバターと同じ作り方です

白ワインに最高に合います

ワイン蒸しは絶対こげない簡単料理

バター&レモンの組み合わせは必ずおいしい

豚ロース
ワイン蒸し

白身魚のバスク風スープ煮

タラを焼いて煮るだけなのに、旨みがぎっしりのごちそうスープ

バスク地方の郷土料理が家でいただけます

Chapter 7
揚げ物は最強の手抜き料理

揚げ物のコツ

揚げ物をハードル低くしたいなら、温度計を買うこと

揚げ物って、面倒じゃないですか？　特に、揚げ物をあまりしない人には、ハードルが高いと思います。揚げるまでの食材の下準備や、ダイナミックに油を入れなければならないこと、そして油の後始末などがハードルの高いポイントでしょうか。

しかし、じつは揚げ物は手抜き料理です。なぜなら、下ごしらえや味つけや切り方など、適当にしてもおいしくできるから。揚げられさえすれば、誰が作ってもおいしくなります。

揚げ物は、油の温度と揚げる時間さえきっちり守れば、そのほかはいい加減にしても失敗しません。ポイントはここだけ。

ですので、ぜひ揚げ物のときは油の温度を必ず計り、タイマーもセットしてください。「それが面倒くさい」という声が聞こえてきそうですが、**ＩＨクッキングヒーターをお使いの人なら、揚げ物コースで温度設定をして、ガスコンロの場合は揚げ物用の温度計を買うだけです。**１回やってみると「とても簡単だった」となることうけあいです。温度計も安く売っていますよ。

よく油の温度を計るには「菜箸を入れてこれくらい泡立ったら○度」と言われますが、**それだと人によって誤差が出るので、計ったほうが断然ラクで正確です。**

また、これは料理研究家の有元葉子さんがご著書で書かれているのですが、「油は調味料のひとつと考える」というのはとてもおすすめです。油を使った料理は、それだけでおいしい、ひとつの味つけです。油はその料理を作るために必要な調味料と割り切ると、揚げ物に感じるハードルが下がるように思います。

✔家の揚げ物がいちばんヘルシー

揚げ油の処理には、私は使い捨て専用の紙パックに入れて捨てています。

1回の料理で使った油は保存せず処分しています。その代わりに、唐揚げを揚げる前に、野菜を素揚げして揚げ浸しも一緒に作ったりして、1回の作業で何品か料理を作るように心がけています。素揚げなら油が汚れないのでそのまま別の揚げ物ができます。

外で食べたり、お惣菜を買ったりすると、どうしても揚げ物だけは油を何度も使いまわして酸化していることが多いので、胃にもたれたり体に負担がかかりやすいです。**揚げ物は、家庭で作るのが安心です。**それに家で作ったほうが「揚げたて、あつあつ」を味わえるので、揚げ物こそ家庭で作りたい料理です。

我が家では、揚げ物の頻度は週2回ほどと多いです。特に夏場は火がしっかりとおっている料理が安心なので多くなります。お弁当にも揚げ物は喜ばれるので、唐揚げや肉団子の素揚げ、エビの素揚げなどいろいろ入れています。

丸暗記ポイント

唐揚げやトンカツは170度で4分、コロッケは色をつけるだけ

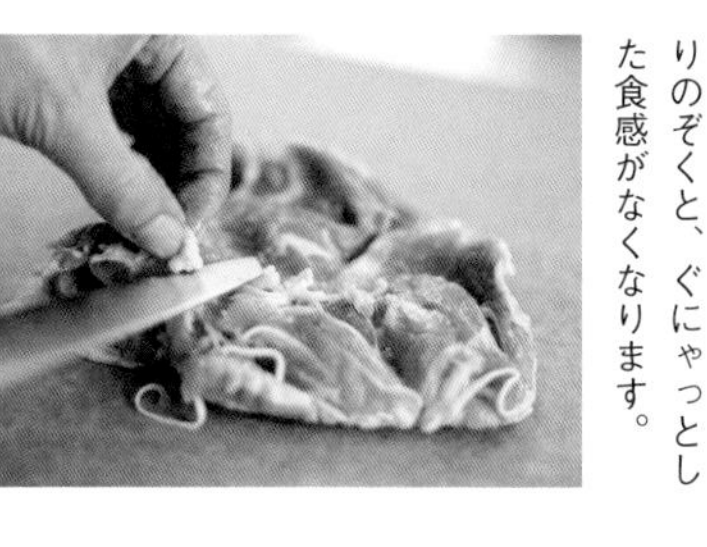

鶏もも肉は黄色い脂肪を取りのぞくと、ぐにゃっとした食感がなくなります。

✔揚げ方には2種類ある

「揚げ物」には2種類あると覚えると、ラクになります。ひとつは、「中まで火をとおすために揚げる」こと。ふたつは、「色をつけるために揚げる」ことです。

たとえば唐揚げやトンカツは生の肉を揚げるので、中に火がとおるまで170度くらいで4分ほどじっくり揚げる必要があります。対してコロッケや、ゆでたじゃがいもを揚げるフレンチフライなどは、タネに火が通っているので、揚げるのは色をつけるため。なので本当に揚げ方は適当でよくて、こちらも170度くらいで2分くらい好きな色がつくまで揚げるだけでいいのです。

同じ揚げ物でも、揚げ方にこの2種類があるとわかっておくだけで、どう揚げればいいのかわかってラクです。

✔唐揚げは4分揚げると覚える

食材に火をとおす揚げ方の代表は唐揚げです。

唐揚げは、「170度で4分」で火がとおります。表2分、裏返して2分です。今はもっと低めの温度で長く揚げるレシピがトレンドになっていますが、まずは基本的な揚げ方を暗記してから、お好きにアレンジしてみるといいでしょう。

片栗粉と小麦粉は同じ比率で。もむように全体に行き渡らせます。

✔黄色い脂肪は取ると格段においしくなる

まずは肉の下処理をします。鶏もも肉1枚は黄色い脂肪を取り、包丁でひと口大に切ります。これがあると食感が悪くなるので、面倒かもしれませんがぜひやってください。おいしくなります。そのとき、皮は一緒に取らないように注意します。**鶏もも肉をボウルに移し、酒大さじ1、しょうゆ大さじ1で味つけします。**お好みで、しょうが、にんにくを入れてもかまいません。塩麹があれば、酒としょうゆの代わりに塩麹だけで味つけできます。

溶き卵1個を入れて5～10分置きます。卵を入れることで肉が柔らかくなります。この間に、別の作業にとりかかってください。

鶏肉をペーパータオルで拭き、水気をとって、片栗粉と小麦粉を小さじ2ずつまぶしてもみます。ちなみに片栗粉のみだと竜田揚げ風になり、小麦粉のみだと柔らかい唐揚げになります。

油をフライパンか鍋に3センチほど注ぎ、１７０度に温めましょう。油が１７０度になったら鶏肉の皮を下にして入れ、表裏2分ずつ揚げます。

入れてしまったら、もう触らないようにしましょう。衣が落ちるのを防げます。計4分揚げたら、できれば一度鶏肉を引きあげ、油を１９０度まで温めて、ふたたび鶏

野菜の素揚げは油が汚れません。

揚げてすぐつゆに入れると、冷めるときに味がしみこみます。

肉を入れて二度揚げすると、カラッとおいしく揚がります。30秒ほど揚げればいいでしょう。

レシピなしで作れるようになると唐揚げはとても簡単なので、私は朝お弁当用に2、3個だけ揚げたりもします。ちなみに、ストウブの12センチほどの小鍋なら油がほんのちょっとでいいので、無駄がでません。**揚げる量に合わせて鍋を小さくするのもポイントです。**

✔野菜の揚げ浸しは油を汚さないので、ついでに作っておくといい

ぜひ、唐揚げの前に野菜の揚げ浸しを作って、油の節約をしましょう。ゴーヤ、みょうが、なす、ズッキーニ、ししとう、赤ピーマン、かぼちゃ、アスパラガスなど、どんな野菜でも大丈夫。唐揚げと同じで、野菜に火をとおすことを意識します。

作り方は、170度の油で1、2分ほど素揚げした野菜を、熱いまま、油もわざわざペーパーなどでは切らず、そのまま薄めのめんつゆにつけるだけでOKです。めんつゆではない場合は、だし200mlに対してしょうゆとみりん大さじ1につけます。

ちなみに、素揚げの仲間で言うと、エビを素揚げして、マヨネーズで和えるとえびマヨになります。ケチャップで和えてもおいしいです。

できあがりはコレ!

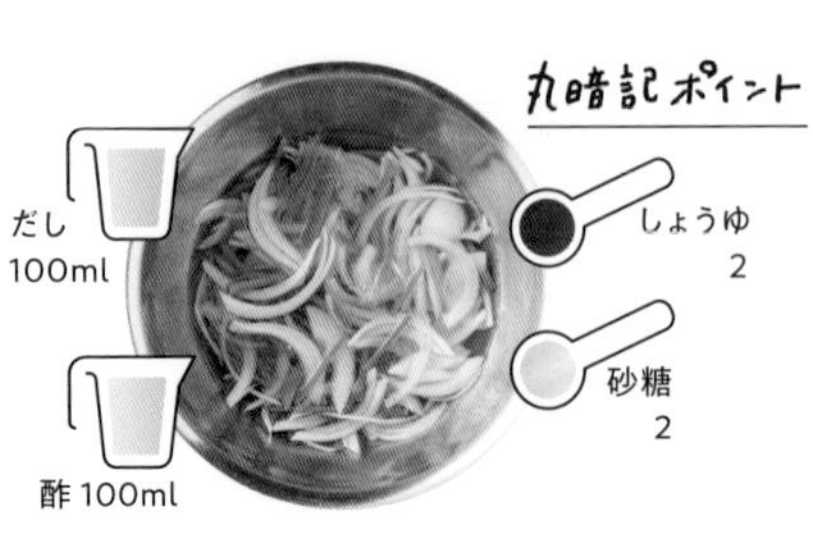

✔鮭の南蛮漬けは、二度揚げると汁につけてもカラっとする

揚げ物ができるようになったら、南蛮づけも応用で作れます。鮭の切り身で作ると簡単です。ひと晩つけたほうがおいしくなるので、竜田揚げを作るときに翌日分まで作っておいて、半分を南蛮漬けに……ということもできます。

手順としては、野菜を入れたつけ汁を先に作り、そこに揚げた魚を入れます。魚を上げるときは、2回揚げること。2回揚げると、つけ汁につけてもパリッと食べられます。大した手間ではありません。

まず、香味野菜を薄切りにしましょう。玉ねぎはマストで入れ、にんじんやピーマン、セロリなどもいいでしょう。野菜に対して、**つけ汁がひたひたになるくらいの量が理想です。**

漬け汁を作ります。ボウルにだし汁としょうゆと砂糖を合わせ、切った野菜を生のまま漬けておきます。鮭2切れに対して、だし汁とお酢が１００mlずつ、しょうゆと砂糖大さじ2が目安です。

一口大に切った鮭に片栗粉と小麦粉を半々にしたものを適量まぶし、１７０度くらいに熱した油で、全体を返しながら表2分、裏2分でこんがり揚げます。油を切って

二度揚げすると、漬け汁につけたあとでもパリッと食べられます。

冷まします。

再び揚げ油を熱し、二度揚げしましょう。二度揚げすると、ちょっとの手間なのに、すごくカラっと揚がります。泡がたたなくなるまで揚げるのがポイントです。

揚げてすぐに、そのまま漬け汁につけこみます。少しなじんだら食べごろです。輪切りにしたかぼすをのせるとおしゃれです。レモンのところでも書きましたが、輪切りにした柑橘類は見栄えがします。

鮭以外でも、豆アジ、サバ、鶏肉でも同じように作れます。豆アジの場合は、ウロコ、ゼイゴ、腹ひれをのぞきます。腹わたを抜いて水洗いして、きれいに水気を拭いて、あとは同じです。

揚げ物のコツ

コロッケは色をつけるだけでいいので適当に揚げていい

成形するときに両手で何度かキャッチボールのようにひっくり返し、空気を抜いておくと、揚げても割れません。

✔コロッケは種を作るところがいちばんの勝負どころ

次に、「火をとおすだけ」の代表、コロッケの作り方を紹介します。コロッケを揚げるときは、色をつけるだけなので適当で大丈夫です。でも、タネを作る手間がかかるので、唐揚げより時間がかかります。

しかし、家のコロッケは外で買うのに比べて、油も中のタネの味のどぎつさもなく、優しくしみじみおいしい味です。玉ねぎとひき肉を炒め、それをマッシュしたじゃがいもと混ぜてタネを作るところだけ頑張りましょう。

まず、玉ねぎをみじん切りにしておきます。

じゃがいも（2人前なら5個ほど）を蒸して、フォークでつぶします。これに洋風スープの素小さじ1を加えます。あれば生クリーム大さじ1を入れるとクリーミーになります。

玉ねぎとあいびき肉をバターで炒め、塩こしょうで味つけして、じゃがいもに混ぜます。基本はこれですが、アレンジとしてクミンシードやパセリを混ぜたり、カレー粉やケチャップ、ソースを入れてもおいしいです。

4～5センチほどの平らな丸形にします。**まん丸よりも、平らにしたほうが油が少**

好みの色がついたら引きあげます。

なくてすみます。そして、小麦粉、卵（2個ほど）、パン粉をつけて揚げていきます。

そして、170度くらいの中温できつね色になるまで揚げましょう。**色はお好みなので、薄めの揚げ色でも、表面がカリカリの濃い茶色でもかまいません。2、3分ほどが目安です。**揚げてから少しおくと油が乾いて表面がカリッとしてくるので、その分をさしひいて早めにあげましょう。

パン粉は市販のものでもちろんいいのですが、生のパン粉を作ると感動的においしくなります。食パンはもちろん、余ってしまってカリカリに固くなったフランスパンをフードプロセッサーにかけてもいいでしょう。余ったときに作って冷凍庫に保存しておいて、パン粉として使います。

ちなみに、ポテトサラダやカレーが余ったときも、コロッケにすれば簡単です。またじゃがいものかわりにかぼちゃや里芋を使うと、変わり種のコロッケになって喜ばれます。

✓フライはだいたい1~2分で火が通る

アジフライは家で作ると抜群においしいので、絶対に家で食べるものと思っています。アジフライをマスターしたら、いわしフライ、エビフライ、カキフライ、ホタテフライ、鮭フライ、サバフライも同じように作れるようになります。

魚介のフライも衣のつけ方はコロッケと同じで、小麦粉↓卵↓パン粉です。唐揚げと同じで揚げるときに食材に火をとおさないといけないのですが、**肉と比べて火がとおるのが早いので、１７０度で片面１分くらいと覚えておきましょう。**そこから、自分が好きな色になったら引きあげてください。逆に長く揚げすぎると身が破裂することもあるので注意します。

また、フライはあとからソースをかけて食べる料理なので、下味は塩だけで十分です。焼き魚と同じように塩を振って10分ほど置き、水分を拭き取ってから塩を振り、衣をつけます。

カキとホタテは生食用を使ってください。また、エビフライは反らないように下準備でお腹のあたりに１cm幅で切れ目を入れましょう。あとは揚げる前に、キッチンペーパーで水気をしっかり拭き取ります。

唐揚げ

片面2分ずつで火がとおると覚える

家で食べると油が新しいので、胃もたれしません

コロッケ

タネに火がとおっているから、揚げるときは適当で

一回につき多めに揚げて次の日も楽しみます

索引

アボカドと黒米とキュウリのサラダ

p.22

材料(2人分)

アボカド(1cm角に切る)……1個
黒米(パッケージの表示通りにゆでる)……大さじ2
キュウリ(1cm角に切る)……1本

■ドレッシング
オリーブオイル……大さじ1
りんご酢……大さじ1
ハチミツ……小さじ1

作り方

1 ボウルにドレッシングをあわせる。
2 ボウルにアボカドとキュウリ、黒米を入れて和える。

春雨サラダ

p.32

材料(2人分※少し多め)

春雨(パッケージの表示通りにゆでる)…… 50g
キュウリ(細切り)…… 1本
にんじん(細切り)…… 小$\frac{1}{2}$本
ちくわ(2mmの輪切り)…… 2本

■錦糸卵
卵 …… 2個
片栗粉 …… 小さじ$\frac{1}{3}$
水 …… 小さじ1
サラダ油 …… 少々

■ドレッシング
ごま油 …… 大さじ2
米酢 …… 大さじ2
しょうゆ …… 大さじ2
砂糖 …… 大さじ2
すりごま …… 大さじ2

作り方

1 春雨はゆでて冷水にとり、ぎゅっと絞って水切りする。食べやすい大きさに切る。
2 錦糸卵を作る。水溶き片栗粉と卵液を混ぜ、フライパンに薄く油をひいて、薄焼き卵を3枚ほど作る。
3 **2**を4 ～ 5cm幅に切り、重ねて端から千切りにする。
4 種をとって細切りにしたキュウリを軽く塩もみして水気をしぼる。
5 にんじんはさっと湯どおしして冷ます。
6 ボウルにドレッシングをあわせる。
7 ボウルに材料をすべて入れて和える。

カブとキウイのサラダ

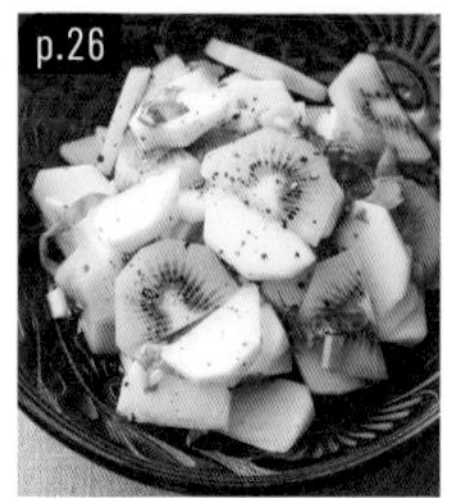
p.26

材料(2人分)

カブ(くし切り)…… 3個
キウイ(半月切り)…… 1個
塩 …… 少々

■ドレッシング
オリーブオイル …… 大さじ1
りんご酢 …… 大さじ1
ハチミツ(なくても可)…… 小さじ1

作り方

1 カブはさっと塩もみして5分ほどおく。
2 ボウルにドレッシングを作る。
3 ボウルに水気を拭いたカブとキウイを入れて和える。

いかとセロリのサラダ

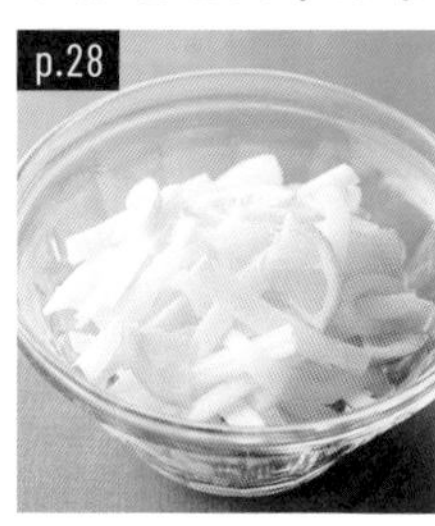
p.28

材料(2人分)

いか(刺身用)…… 1パック
セロリ(茎は短冊切り、葉はみじん切り)…… 1〜2本

■ドレッシング
オリーブオイル …… 大さじ2
レモン …… ½個
塩 …… 小さじ½

作り方

1 いかは食べやすい大きさに切り、水気を拭く。
2 ボウルにドレッシングを作る。
3 **2**のボウルにいかとセロリを入れて和える。

わかめナムルともやしナムル

p.30

材料(2人分)

乾燥わかめ(表示通りに戻す)…… 10g
油揚げ(細切り)…… 1枚
もやし(ゆでる)…… ½パック

■あえ衣
ごま油 …… 大さじ2
米酢 …… 大さじ2
しょうゆ …… 大さじ2
にんにく(すりおろし)…… ひとかけ
ハチミツ …… 小さじ2
いりごま …… 適量

作り方

1 ふたつのボウルにあえ衣を半分ずつあわせる。
2 片方のボウルに水気を切ったわかめと油揚げを入れて和える。
3 もうひとつのボウルにもやしを入れて和える。

ひじきとキュウリとささみのサラダ

p.34

材料(2人分)

鶏ささみ(ゆでてほぐす)…… 2本
ひじき(もどす)…… 10g
キュウリ(1cm角に切る)…… 1本

■ドレッシング
ごま油 …… 大さじ1
米酢 …… 大さじ1
しょうゆ …… 大さじ1

作り方

1 ボウルにドレッシングをあわせる。
2 ボウルに鶏ささみ、ひじき、キュウリを入れて和える。

キャロットラペ

p.37

材料（2人分）

にんじん（千切り）…… ½本

■ドレッシング

オリーブオイル …… 大さじ1
りんご酢 …… 大さじ1
ハチミツ …… 小さじ1
塩 …… 少々

作り方

1 ボウルにドレッシングをあわせる。

2 ボウルににんじんを入れて和える。

紫キャベツとにんじんのコールスロー

p.38

材料（2人分※少し多め）

紫キャベツ（千切り）…… 100g
にんじん（千切り）…… 50g

■ドレッシング

オリーブオイル …… 大さじ1
りんご酢 …… 大さじ1
牛乳 …… 大さじ1
ハチミツ …… 小さじ1

作り方

1 ボウルにドレッシングをあわせる。

2 ボウルに紫キャベツとにんじんを入れて和える。

かぼちゃとさつまいもの温サラダ

p.42

材料（2人分）

かぼちゃ（1㎝角に切る）…… ⅛個
さつまいも（1㎝角に切る）…… 中1本
オリーブオイル …… 大さじ1
レーズン …… 大さじ2

■ドレッシング

りんご酢 …… 大さじ1
ヨーグルト …… 大さじ2
塩 …… 適量

作り方

1 かぼちゃとさつまいもを電子レンジの根菜コースで火をとおす。

2 **1**が温かいうちにオリーブオイルをまわしかけて和える。

3 ボウルにドレッシングをあわせる。

4 ボウルに**2**とレーズンを入れて和える。

れんこんとひじきとミントの温サラダ

p.42

材料（2人分）

れんこん（薄切り）…… 1節
ひじき（戻す）…… 10g
ライムかレモン（小さく切る）…… ½個
ミント（食べやすい大きさにちぎる）…… カップ1

■ドレッシング

オリーブオイル …… 大さじ1
ライムかレモン（しぼったもの）…… ½個
ハチミツか塩 …… 小さじ1

作り方

1 れんこんは酢水（分量外）にしばらくつけたあと、さっとゆでる。

2 ボウルにドレッシングをあわせる。

3 ボウルに**1**とひじき、ミントあればライムを入れて和える。

しょうが焼き

p.52

材料（2人分）

豚バラ薄切り肉（しゃぶしゃぶ用がベスト）……200g
玉ねぎ（薄切り）……½個
しょうが汁……小さじ1
サラダ油（炒め用）……小さじ1
キャベツ（千切り）……⅛玉

■調味液
酒……大さじ1
しょうゆ……大さじ1
みりん……大さじ1

作り方

1 小さなボウルで調味液を混ぜる。
2 フライパンに油を熱し、玉ねぎをしんなりするまで炒める。
3 豚バラ薄切り肉を加えて炒め、8割火がとおったら、合わせ調味料を入れてからめる。汁気が残るくらいで火をとめる。
4 仕上げにしょうが汁をさっとかける。
5 キャベツを添えて器に盛る。

肉じゃが

p.54

材料（2人分）

牛薄切り肉（食べやすい大きさに切る）……200g
じゃがいも（一口大に切る）……中2個
にんじん（一口大に切る）……1本
玉ねぎ（薄切り）……½個

■調味液
水……300ml
酒……大さじ2
しょうゆ……大さじ2
みりん……大さじ2

作り方

1 大きめのフライパンに調味液を入れて、肉をほぐしながら入れ、野菜を入れたあと中火にかける。
2 煮立ったら15分ほど煮る。煮汁が半分になったくらいを目安に火をとめる。

親子丼

p.55

材料(2人分)
鶏もも肉(一口大に切る)……1枚(250g程度)
玉ねぎ(薄切り)……½個
卵(溶く)……4個
ごはん……適量
■調味液
水……200ml
酒……大さじ2
しょうゆ……大さじ2
みりん……大さじ2

作り方
1. 鍋に調味液を入れて、鶏もも肉と玉ねぎを入れて中火にかける。
2. 沸騰したら5分煮る。
3. 卵液を半分入れ、フタをして約1分中火にかける。ふわっと固まってきたら残りを入れてまたフタをして1分中火にかける。
4. **3**を温かいごはんにのせる。

牛丼

p.56

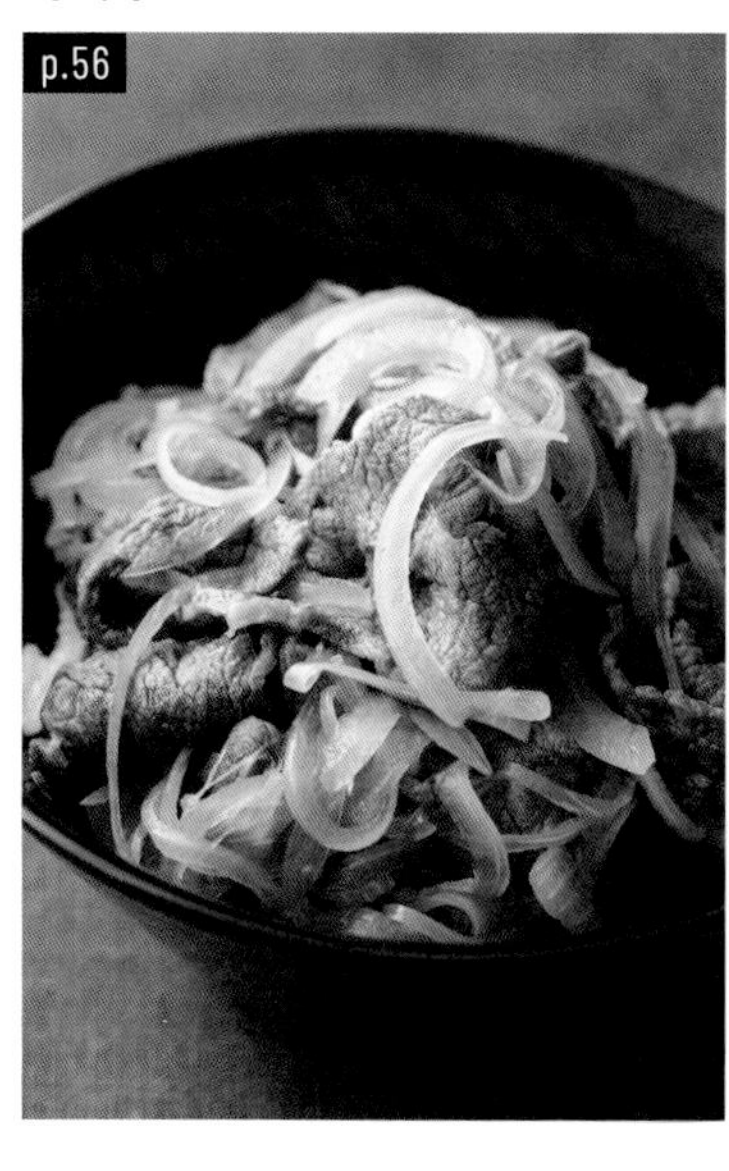

材料(2人分)
牛薄切り肉……200g
玉ねぎ(薄切り)……1個
ごはん……適量
■調味液
水……300ml
酒……大さじ2
しょうゆ……大さじ2
みりん……大さじ2

作り方
1. フライパンに調味液を入れ、玉ねぎも入れて中火にかける。
2. 冷たいうちに牛肉を入れてほぐす。中火で20分煮る。
3. **2**を温かいごはんにのせる。

2色丼

p.57

材料(2人分)

【鶏そぼろ】

鶏ももひき肉 …… 100g

玉ねぎ(みじん切り) …… 1/4個

■調味液

酒 …… 大さじ1

しょうゆ …… 大さじ1

みりん …… 大さじ1

【卵そぼろ】

卵 …… 2個

牛乳 …… 大さじ1

塩 …… 少々

サラダ油 …… 適量

ごはん …… 適量

作り方

1 鶏そぼろを作る。鍋にすべての材料を入れ、グツグツ煮込む。汁気がほんのり残るくらいで火をとめる。

2 卵そぼろを作る。ボウルに卵と牛乳と塩を混ぜる。フライパンにサラダ油を温め、卵液を入れてざっくり混ぜてそぼろにする。

3 **2**と**3**をごはんの上にのせる。

カレイの煮つけ

p.60

材料(2人分)

カレイ …… 2切れ(200g程度)

しょうが(細切り) …… 1かけ

乾燥わかめ(戻す) …… 適量

■調味液

水 …… 100ml

酒 …… 大さじ2

しょうゆ …… 大さじ2

みりん …… 大さじ2

作り方

1 大きめのフライパンに調味液としょうがを入れて中火にかける。

2 煮立ったらカレイとわかめを入れ、アルミホイルの落としブタをして弱火で10分煮る。途中でフタを開けて煮汁をカレイにかける。

金目鯛の煮つけ

材料(2人分)
金目鯛 …… 2切れ(200g程度)
しょうが(薄切り) …… 1かけ
ネギ(3〜4cmに切る) …… 適量
■調味液
水 …… 100ml
酒 …… 大さじ2
しょうゆ …… 大さじ2
みりん …… 大さじ2
砂糖 …… 大さじ2

作り方
1 大きめのフライパンに調味液としょうがを入れて中火にかける。
2 煮立ったら金目鯛とネギを入れ、アルミホイルの落としブタをして弱火で10分煮る。途中でフタを開けて煮汁を金目鯛にかける。

いわしの蒲焼き

材料(2人分)
いわし(おろしたもの) …… 4尾
塩 …… 少々
小麦粉 …… 適量
サラダ油 …… 小さじ1
■調味液
酒 …… 大さじ1
しょうゆ …… 大さじ1
みりん …… 大さじ1
塩 …… 少々

作り方
1 いわしに塩を振り、10分置く。ペーパータオルで水分を拭き取る。
2 いわしに小麦粉をまぶす。
3 フライパンに油を熱し、いわしを皮目から焼く。きれいな焼き色がついたら裏返し、2、3分ほど焼く。
4 調味液を入れてからめる。

ブリの照り焼き

p.66

材料(2人分)
ブリ……2切れ
塩……少々
油……小さじ1

■調味液
酒……大さじ1
しょうゆ……大さじ1
みりん……大さじ1
塩 …… 少々

作り方

1 ブリに塩を振り、10分置く。ペーパータオルで水分を拭き取る。

2 フライパンに油を熱し、ブリを焼く。きれいな焼き色がついたら裏返し、3分ほど焼く。

3 調味液を入れてからめる。好みで大根おろしをそえる。

まいたけの炊き込みごはん

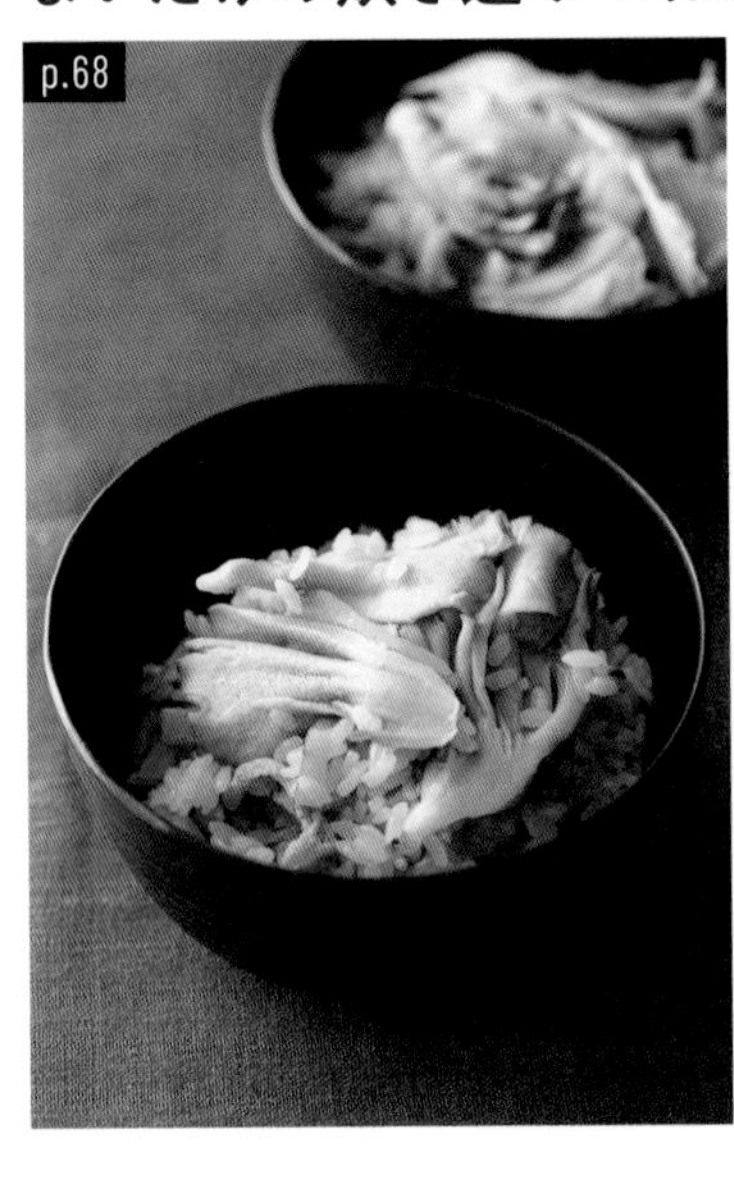
p.68

材料(2人分)
米(洗う)……2合
まいたけ(ほぐす)……1パック
油揚げ(細切り)……1枚
にんじん(細切り)……50g
塩……少々

■調味液
酒……大さじ2(なくてもよい)
しょうゆ……大さじ2
みりん……大さじ2

作り方

1 炊飯器に米と調味液を入れる。2合の目盛りまで水を入れ、さっと混ぜる。

2 まいたけ、油揚げ、にんじんを入れて炊飯ボタンを押す。

3 炊きあがったら器に盛りつける。

おでん

材料(2~3人分)
大根(輪切りにして面取りする)……1/2本
こんにゃく(食べやすい大きさに切り、網目状の切り込みを入れる)……1袋
ゆで卵……4個
里芋(半分に切る)……4個
練り物セット(油抜きする)……4人分

■調味液
水……1500ml
酒……大さじ3
しょうゆ(あれば薄口しょうゆ)……大さじ3
みりん……大さじ3

作り方
1 鍋に調味液を入れ、練り物以外の材料を入れて20分ほど煮込む。
2 練り物を加えて20分煮込む。

ちらし寿司

材料(2人分)
すし飯……適量
キュウリ(サイコロ状に切る)……1本
ホタルいか(目を取る)……1パック

■具材
鶏ひき肉……100g
油揚げ……1/2枚
にんじん……1/2本
しいたけ……2つ
高野豆腐……2つ

■調味液
水……200ml
しょうゆ……大さじ2
酒……大さじ2
みりん……大さじ2

■錦糸卵
卵……2個
片栗粉……小さじ1/3
水……小さじ1
サラダ油……少々

作り方
1 具材をミキサーにかける。ミキサーがない場合は肉以外をみじん切りにする。
2 フライパンに調味液を入れ、具材をすべて入れて20分ほど煮込む。
3 粗熱が取れたらすし飯に具材を混ぜ合わせる。
4 錦糸卵を作る。水溶き片栗粉とほぐした卵液を混ぜ、フライパンに薄く油をひいて、薄焼き卵を3枚ほど作る。
5 **4**を4 ~ 5cm幅に切り、重ねて端から千切りにする。
6 **3**に**5**、キュウリ、ホタルいかを盛りつける。

p.78

味噌汁

材料（2人分）
水 …… 400ml
煮干し …… 4尾
旨みが出る食材（油揚げなど）…… 適量
根菜（かぼちゃなど） …… 適量
葉物（ネギなど） …… 適量
味噌 …… 大さじ1

作り方
1 煮干しの内臓をとる。
2 鍋に味噌以外の材料をすべて入れ、根菜がやわらかくなるまで煮込む。
3 火をとめて味噌を溶かす。

3種類入るとすごくおいしい

葉物	根菜	素材から旨みが出るもの
ネギ、乾燥わかめなどの海藻、ほうれん草、水菜、キャベツ、ネギなど	かぼちゃ、大根、カブ、さつまいも、ごぼう、にんじん、じゃがいもなど	油揚げ、ちくわ、きのこ、余りものの肉など

＊具材の量は2人分でお椀1杯弱が目安

白味噌と豆乳のスープ

p.81

材料(2人分)
水 …… 300ml
煮干し …… 4尾
生鮭 …… 2切れ
玉ねぎ …… ¼個
白味噌 …… 大さじ1
豆乳 …… 100ml

作り方

1 煮干しの内臓をとる。

2 鍋に味噌と豆乳以外の材料をすべて入れ、具材がやわらかくなるまで煮込む。

3 火をとめて味噌を溶かす。

4 豆乳を加えて沸騰させないように温める。

しじみのすまし汁

p.82

材料(2人分)
水 …… 400ml
昆布 …… 5cm程度
薄口しょうゆ …… 小さじ1
しじみ(砂抜きする)…… 1パック

作り方

1 鍋に水、昆布、薄口しょうゆを入れて火にかける。

2 しじみを入れて貝の口が開くまで煮る。しょうゆを入れる。

とろろ昆布のすまし汁

p.83

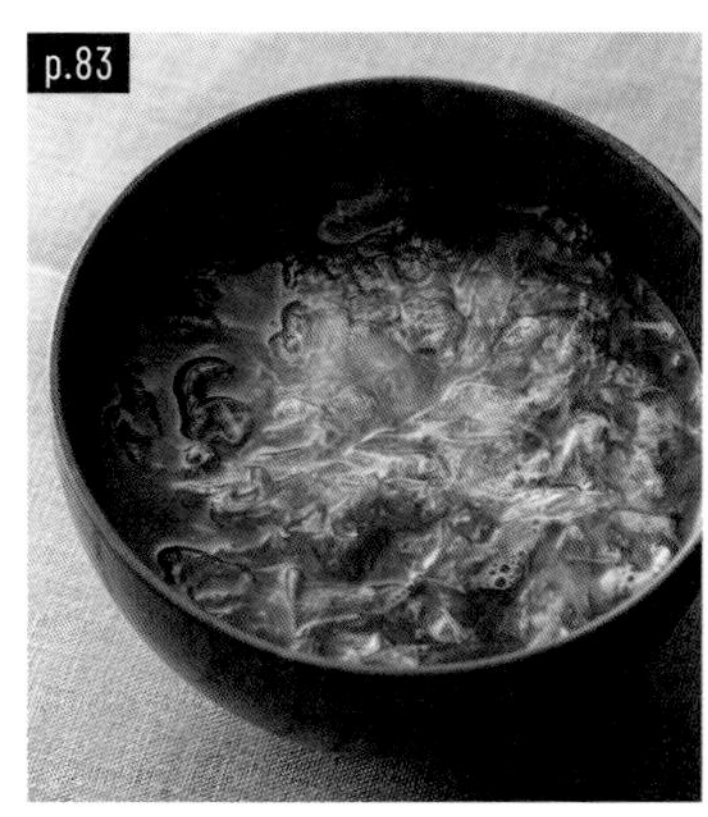

材料(2人分)
とろろ昆布 …… ふたつかみ程度
薄口しょうゆ …… 小さじ1
お湯 …… 400ml

作り方

1 お椀にとろろ昆布と薄口しょうゆを入れる。

2 お湯をかける。

冷や汁

p.82

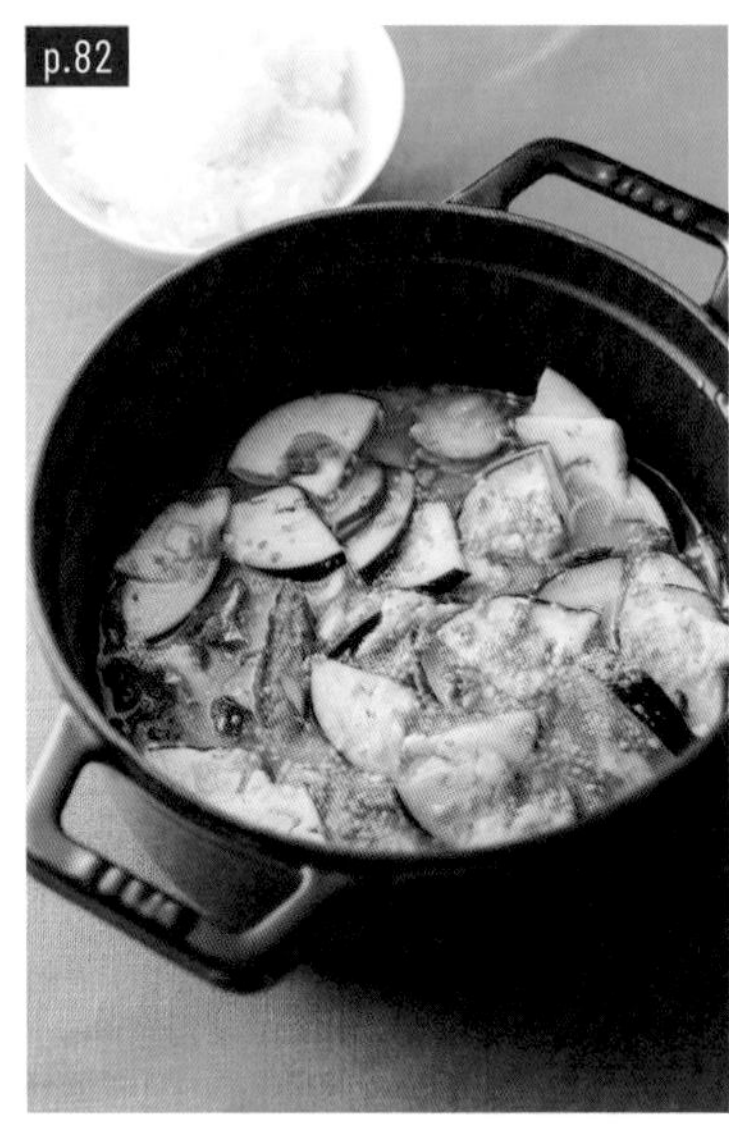

材料(3~4人分)

だし汁 …… 500ml
味噌 …… 大さじ2程度
アジの干物 …… 2枚
キュウリ(薄切り) …… 1本
なす(薄切り) …… 1本
塩 …… 適量
みょうが(みじん切り) …… 3本
ごはん …… 適量
ごま …… 適量

作り方

1 温かいだし汁に味噌を溶き冷やしておく。

2 アジはグリルでこんがり焼き、骨をとって食べやすくほぐしておく。

3 キュウリ、なすは塩もみしてしばらくおき、水気をよくしぼる。

4 **1**にアジ、キュウリ、なす、みょうがを入れる。

5 ごはんの上にかけて完成。お好みでごまを振る。

ミネストローネ

p.89

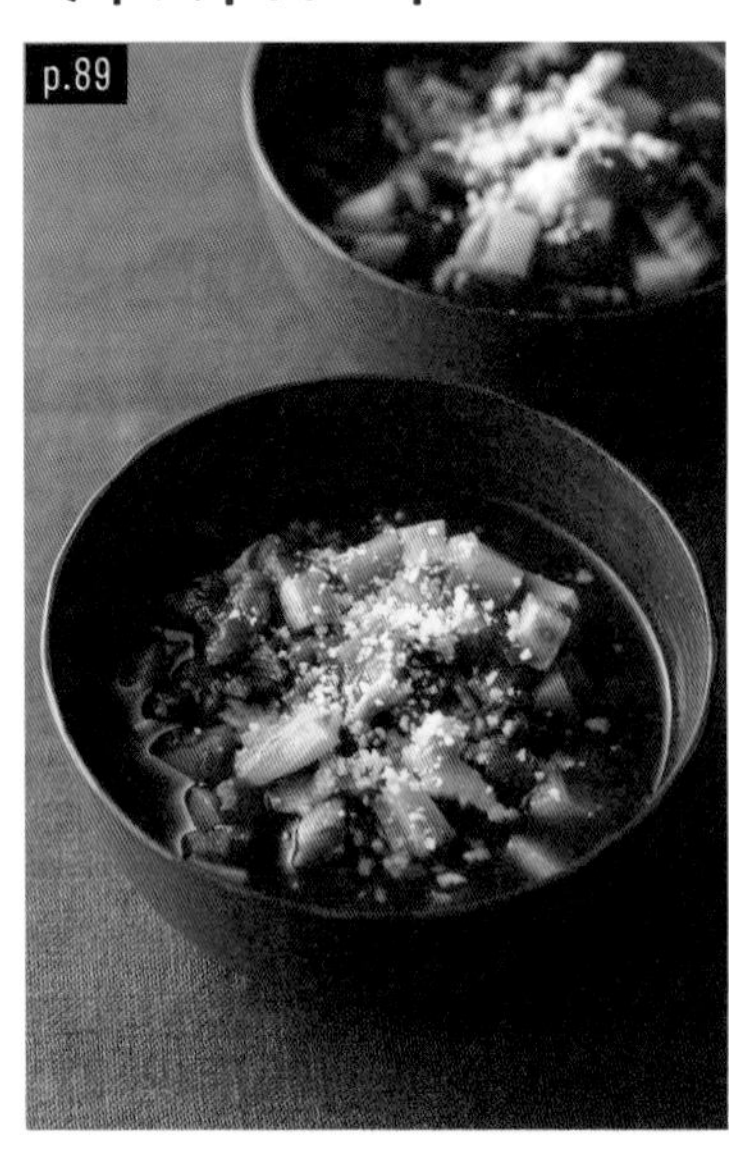

材料(2人分)

ベーコン(1cm角に切る) …… 50g
にんじん(1cm角に切る) …… 1/3本
玉ねぎ(1cm角に切る) …… 1/4個
セロリ(1cm角に切る) …… 1/3本

どちらか

- トマトジュース …… 400ml
- 洋風スープの素 …… 小さじ1(キューブなら1/2個)

- トマトの水煮缶 …… 1/2缶
- 洋風スープの素 …… 小さじ1(キューブなら1/2個)
- 水 …… 200ml

粉チーズ …… 適量

作り方

1 鍋にトマト缶またはトマトジュースと、洋風スープの素、切った食材をすべて加え、火がとおるまで15分ほど煮込む。

2 具材がやわらかくなったら火をとめて器に盛り、粉チーズをかける。

クラムチャウダー

p.87

材料(2人分)
あさり(殻つき)…… 約300g
バター …… 10g
白ワイン …… 30ml
玉ねぎ(5mm角に切る)…… 1/2個
セロリ(5mm角に切る)…… 1本
にんじん(5mm角に切る)…… 1/2本
ベーコン(5mm角に切る)…… 100g
じゃがいも(蒸して4等分する)…… 中4個
小麦粉 …… 大さじ1
タイム(みじん切り)…… 適量
パセリ(みじん切り)……適量
水 …… 400ml
牛乳 …… 200ml
塩こしょう …… 適量

作り方

1 鍋にバター半分を熱し、あさりと白ワインを入れる。フタをして貝の口が開いたら火をとめ、ザルでこし、蒸し汁もとっておく。

2 鍋に中火で残りのバターを熱し、玉ねぎ、セロリ、にんじん、ベーコンをしっかり炒める。

3 蒸したじゃがいもを加え、いったん火をとめて小麦粉をしっかりまぶす。

4 あさりの蒸し汁、水を加えて混ぜながら野菜に火をとおす。

5 あさりの身と牛乳を入れてさっと温め、タイムとパセリを加える。お好みで塩こしょうする。

中華風卵スープ

p.91

材料(2人分)
卵(溶く)…… 2個

■調味液
水 …… 400ml
中華風だしの素 …… 小さじ1
しょうゆ …… 大さじ2

■水溶き片栗粉
片栗粉 …… 小さじ2
水 …… 小さじ4

作り方

1 鍋に調味液を入れて火にかける。

2 汁が煮立ったら卵を少しずつ入れる。

3 水溶き片栗粉を加えてさらに煮立て、汁にとろみをつける。

餃子スープ

p.92

材料(2人分)
冷凍餃子 …… 8個
ほうれん草(ゆでる) …… 適量

■調味液
水 …… 400ml
中華風だしの素 …… 小さじ1
しょうゆ …… 大さじ2

■水溶き片栗粉
片栗粉 …… 小さじ2
水 …… 小さじ4

作り方

1 鍋に調味液を入れて火にかける。

2 汁が煮立ったら冷凍餃子を入れて5分ほど温める。

3 水溶き片栗粉を加えてさらに煮立て、汁にとろみをつける。

4 器に盛り、好みでほうれん草をのせる。

じゃがいものクミンシード炒め

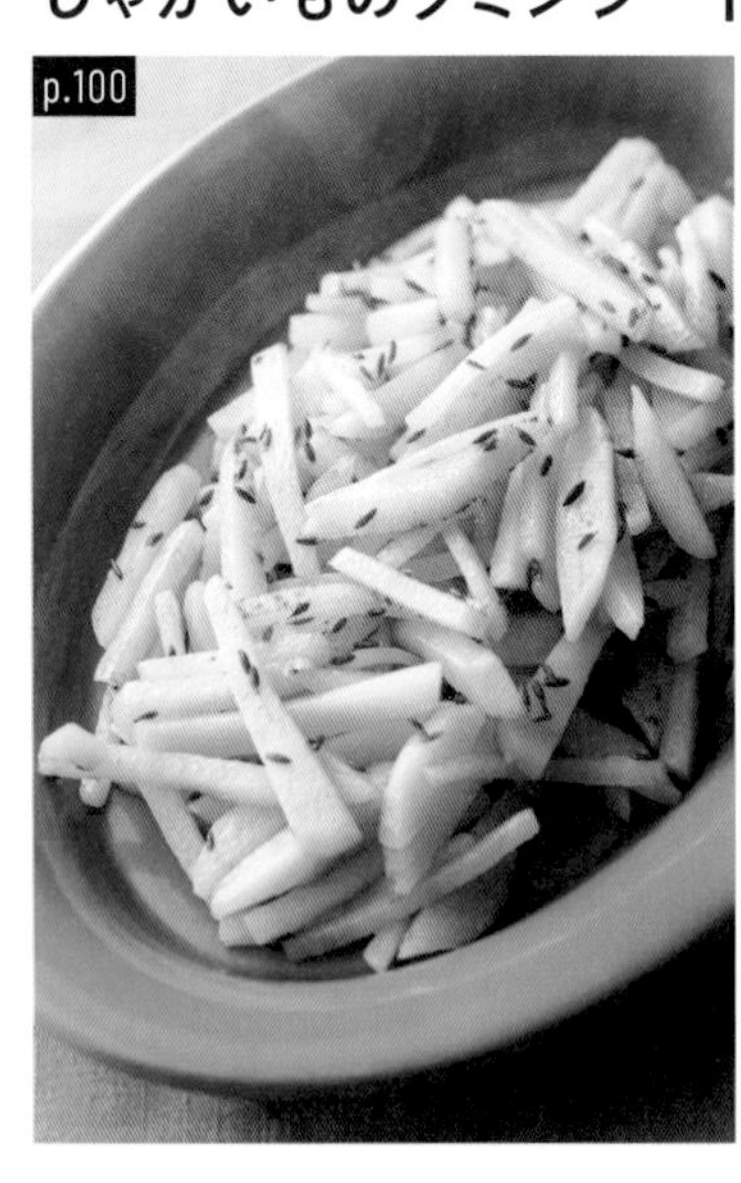
p.100

材料(2人分)
じゃがいも …… 2、3個
オリーブオイル …… 大さじ1
クミンシード …… 小さじ1
塩 …… 少々

作り方

1 じゃがいもを細切りにして5分ほど水にさらす。

2 じゃがいもの水気を拭き取る。

3 フライパンにオリーブオイルを熱してじゃがいもを炒める。色が透き通ったらクミンシードと塩を振って混ぜあわせる。

タラのフェンネルシード焼き

p.102

材料(2人分)
タラ …… 2切れ
小麦粉 …… 大さじ1
オリーブオイル …… 大さじ1
フェンネルシード …… 小さじ2
バター …… 10g
レモン …… ½個

作り方
1 タラに塩(分量外)を振り、10分置いて水気を拭き取る。
2 タラに小麦粉をまぶす。
3 フライパンにオリーブオイルを熱し、フェンネルシード小さじ1を入れて香りが出たら、タラを入れてこんがり焼く。
4 タラに焼き色がついたら裏返して2分焼く。
5 火がとおったら、バターを乗せ、レモンをしぼりフェンネルシードを小さじ1かけてソースを作る。

タブレ

p.104

材料(2人分)
クスクス(パッケージの表示通りに蒸らす) …… ½カップ
ミニトマト(粗みじん切り) …… 2～3個
キュウリ(粗みじん切り) …… ½本
パセリ(粗みじん切り) …… 1枝
新玉ねぎまたは赤玉ねぎ(粗みじん切り) …… ½個
■ドレッシング
オリーブオイル …… 大さじ1
レモン汁 …… 大さじ1
塩 …… 小さじ½

作り方
1 ボウルにドレッシングをあわせる。
2 ボウルに材料をすべて入れて和える。

グラタン

p.112

材料(2人分)
マカロニ(ゆでる)…… 60g程度(お好みで)
玉ねぎ(薄切り)…… 1/2個
鶏もも肉(一口大に切る)…… 1/2枚
しめじ(石づきを取ってほぐす)…… 1パック
バター …… 20g
小麦粉 …… 大さじ2
牛乳 …… 400ml
洋風スープの素 …… 小さじ2(キューブなら1個)
チーズ …… 適量

作り方
1 フライパンにバターを熱し、玉ねぎ、鶏もも肉、しめじをしっかり炒める。
2 火をとめ、小麦粉をまぶしてからめる。
3 牛乳と洋風スープの素を加え、火にかけてとろみがつくまでよく混ぜる。
4 マカロニを加えて混ぜ、グラタン皿に入れてチーズをのせる。
5 200度に予熱したオーブンで、10分ほど焼く。

クリームドスピナッチ

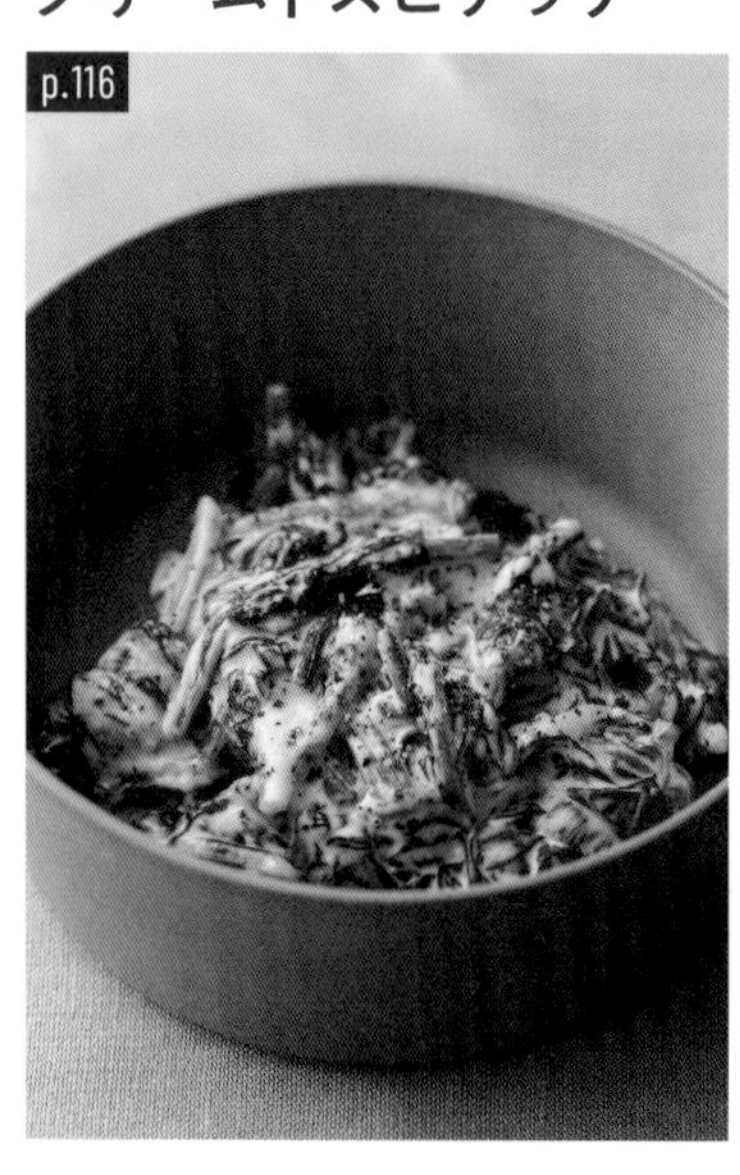
p.116

材料(2人分)
ほうれん草(ゆでて水気を切る)…… 1束
バター …… 10g
牛乳 …… 200ml
(または生クリーム…… 200ml)
塩、こしょう …… 適量

作り方
1 フライパンにバターを熱し、中火でほうれん草を軽く炒める。
2 牛乳(または生クリーム)を加えてとろみがつくまで弱火で混ぜ合わせる。沸騰すると分離するので注意。
3 塩、こしょうを振り、味を調える。

ポルチーニの クリームパスタ

p.121

材料(2人分)
平打ちパスタ(ゆでる)…… 2人分
乾燥ポルチーニ …… 20g
ぬるま湯(ポルチーニ戻し用)…… 200ml
しめじ(またはまいたけ)(ほぐしておく)…… 1パック
オリーブオイル …… 大さじ1
にんにく(みじん切り)…… 1かけ
生クリーム …… 200ml
塩、こしょう …… 少々

作り方

1 乾燥ポルチーニはぬるま湯に30分ほど浸し、水気をしぼる。戻し汁はあとで使うので流さずおいておく。

2 ポルチーニをみじん切りにする。

3 フライパンにオリーブオイルとにんにくを入れて弱火にかけ、香りが立ってきたら中火にする。ポルチーニとしめじを入れて軽く炒める。

4 **1**の戻し汁を入れて煮立て、生クリームを入れてしばらく火にかける。塩、こしょうで味を調える。

5 フライパンにゆでたパスタを入れて和える。

鮭としめじの クリームパスタ

p.122

材料(2人分)
パスタ(ゆでる)……2人分
生鮭 ……2切れ
塩、こしょう ……適量
にんにく(みじん切り)……1かけ
しめじ(石づきを取ってほぐす)……1パック
バター ……20g
小麦粉 ……大さじ2
牛乳 ……400ml
洋風スープの素 ……小さじ1

作り方

1 塩こしょうをした生鮭をフライパンで焼いてほぐす。

2 フライパンでバターとにんにくを炒め、香りが出たら鮭としめじを炒める。

3 火をとめて小麦粉をまぶし、牛乳と洋風スープの素を入れて弱火にかけ、とろみがつくまで混ぜる。塩、こしょうをする。

4 フライパンにゆでたパスタを入れて和える。

たらこパスタ

p.124

材料（2人分）
パスタ（ゆでる）…… 200g（2人分）
たらこまたは明太子（ほぐす）…… 2腹
バター …… 20g
昆布茶 …… 付属の小さじ1
（または3倍濃縮のめんつゆ…… 大さじ1）

作り方
1 ボウルにたらこ、バター、昆布茶を入れる。
2 ゆでてざっと水切りしたパスタをボウルに入れて和える。

れんこんとベーコンと玉ねぎのワンパンスープパスタ

p.125

材料（1人分）
パスタ …… 1人分
れんこん（薄切り）…… 50g
ベーコン（食べやすい大きさに切る）…… 薄切り2枚
玉ねぎ …… 1/4個
バター …… 10g
水 …… 300ml
洋風スープの素 …… 小さじ1/2（キューブなら1/4個）
塩 …… 少々
豆乳 …… 100ml

作り方
1 大きめのフライパンにバターを熱し、れんこん、ベーコン、玉ねぎを炒める（もしくは電子レンジで野菜がやわらかくなるまで温める）。
2 同じフライパンに水、洋風スープの素、塩を入れる。汁が冷たい状態でふたつに折ったパスタも入れ、中火にかける。
3 沸騰したら、パスタがくっつかないように何度か混ぜる。フタをしてパスタのパッケージに表示されている時間ゆでる。
4 ゆで上がったらフライパンに豆乳を入れてさっと温める。

豚肉のポン酢炒め

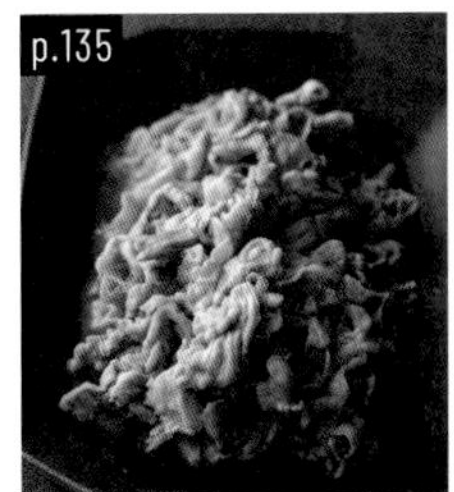
p.135

材料(2人分)

豚肉(しゃぶしゃぶ用)…… 200g
玉ねぎ(薄切り)…… ½個
バターまたはサラダ油 …… 大さじ1
ポン酢 …… 大さじ2

作り方

1. フライパンにバターを熱し、玉ねぎを炒める。
2. 玉ねぎに色がついたら、豚肉を加えて炒める。
3. 豚肉に火がとおったら、ポン酢を加えて軽く炒める。

焼きそばのオイスターソース炒め

p.136

材料(2人分)

焼きそば用麺…… 2玉
豚バラ肉(食べやすい大きさに切る)…… 200g
春菊(食べやすい大きさに切る)…… 1株
しめじ(石づきを取ってほぐす)…… 1パック
サラダ油…… 大さじ1
オイスターソース…… 大さじ2

作り方

1. フライパンにサラダ油を熱し、豚肉を炒める。
2. 豚肉に火がとおったら春菊としめじを加えて炒める。
3. 焼きそば用麺を入れ、最後にオイスターソースを加え、麺をほぐしながら全体を混ぜ合わせて炒める。

青椒肉絲

p.137

材料(2人分)

牛切り落とし肉…… 200g
酒…… 小さじ1
片栗粉 …… 大さじ1
しょうが(みじん切り)…… 1かけ
ネギ(みじん切り)…… 10cm
ピーマン(細切り)…… 4個
ゆでたけのこ(細切り)…… 50g
サラダ油 …… 大さじ1
オイスターソース …… 大さじ2

作り方

1. 牛肉に酒をかけ、片栗粉をまぶす。
2. フライパンにサラダ油を熱し、ネギ、しょうがを加え、香りが出たら牛肉を入れて炒める。
3. 色がかわったらピーマンとたけのこを加え、オイスターソースを加えてからめる。

さわらの塩麹焼き

p.138

材料(2人分)

さわら …… 2切れ
塩麹 …… 適量

作り方

1. 塩麹をさわら全体に塗って、30分ほど置く。
2. さわらの表面を軽くペーパータオルで拭き、魚焼きグリルにアルミホイルを敷いて両面を焼く。

鶏むね肉のケチャップ炒め

p.140

材料(2人分)

鶏むね肉(一口大のそぎ切り)…… 200g
- 酒 …… 大さじ1
- 片栗粉 …… 大さじ1

サラダ油またはオリーブオイル …… 大さじ1
バター …… 20g
トマトケチャップ …… 大さじ4

作り方

1 鶏むね肉に酒と片栗粉をもみ込む。

2 フライパンにサラダ油またはオリーブオイルを熱し、鶏むね肉を焼く。

3 こんがり色づいたら、バターとケチャップをからめる。

ナポリタン

p.140

材料(2人分)

パスタ(1.7mmくらいの太めのもの)…… 200g
ベーコン(食べやすい大きさに切る)…… 薄切り2枚
にんじん(食べやすい大きさに切る)…… ½本
玉ねぎ(食べやすい大きさに切る)…… ½個
しめじ …… 半パック
オリーブオイル …… 大さじ1
バター …… 20g
トマトケチャップ …… 大さじ4
塩…… 適量
パルメザンチーズ(すりおろし、または粉チーズ)…… 適量

作り方

1 パスタはパッケージの表示より少し長めにゆでる。

2 ゆで上がったらお湯を切り、オリーブオイル大さじ½(分量外)をまわしかける。

3 フライパンにオリーブオイルを熱し、ベーコン、にんじん、玉ねぎの順に炒める。火が通ったらしめじも加えて中火で炒める。

4 フライパンにパスタを入れ、バター、ケチャップを加えて、水分が飛ぶまで炒める。塩を振って味を調える。

5 皿に盛って好みでパルメザンチーズをかける。

手羽元のすし酢煮

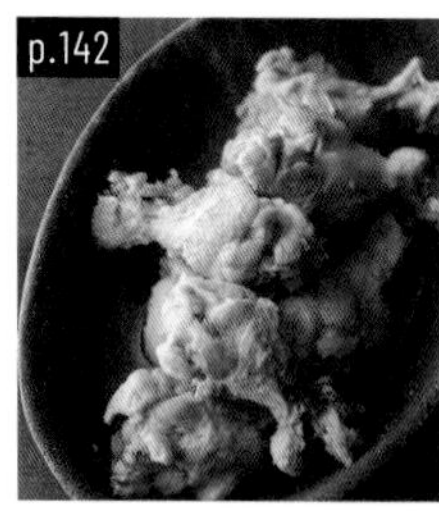
p.142

材料(2人分)

鶏の手羽元 …… 300g(6本ほど)
水 …… 200ml
すし酢 …… 大さじ2

作り方

フライパンに材料をすべて入れ、フタをして10分ほど煮込む。

すし酢で青菜のごま酢あえ

p.142

材料(2人分)

春菊またはほうれん草(ゆでる) …… ½束
すし酢 …… 大さじ1
すりごま …… 大さじ1

作り方

1 春菊またはほうれん草は水気をしぼり、食べやすい大きさに切る。

2 すし酢とすりごまをボウルにあわせ、**1**を入れて和える。

豚ロースのレモンソテー

p.145

材料（2人分）

豚ロース（筋切りする）
…… 2枚（200g程度）
塩、こしょう…… 適量
小麦粉…… 大さじ1〜2
バター …… 20g
白ワイン …… 100ml
レモン（半分を輪切り）…… 1個
パセリまたはローズマリー
…… ½本

作り方

1. 豚ロースに塩、こしょうを振り、小麦粉をまぶす。
2. フライパンにバターを熱し、強めの中火で豚ロースに焼き色をつける。
3. フライパンに白ワインを入れ、好みでパセリまたはローズマリーをのせて、フタをして5分蒸し焼きにする。
4. 蒸し上がったらレモン半分をしぼり、皿に盛る。レモンの輪切りを添える。

ムール貝の白ワイン蒸し

p.147

材料（2人分）

ムール貝 …… 10個
にんにく（みじん切り）…… 1かけ
オリーブオイル …… 大さじ1
白ワイン …… 100ml
塩、こしょう …… 適量
パセリ …… 適量

作り方

1. フライパンにオリーブオイルを熱してにんにくを炒め、香りが立ったらムール貝を入れて軽く炒める。
2. 白ワインを入れ、塩、こしょうで味つけをしてフタをして5分ほど蒸す。好みでパセリをちらす。

白身魚のバスク風スープ煮

p.148

材料（2人分）

タラまたは鯛…… 2切れ
あさり(砂を抜く）…… 1パック
しめじまたはまいたけ
（石づきを切ってほぐす）…… 1パック
アスパラガス…… 4本
ズッキーニ(半月切り）…… 1個
カブ(くし切り）…… 4個
にんにく(みじん切り）…… 1かけ
洋風スープの素
…… 小さじ2（キューブなら1個）
水 …… 600ml
パセリ …… 適量
レモン(半分に切る）…… 1個
オリーブオイル …… 適量

作り方

1. フライパンにオリーブオイルを熱してにんにくを炒め、香りが立ったらあさりを入れて軽く蒸し焼きにする。
2. 1にタラまたは鯛を入れて表面をカリッと焼く。
3. 洋風スープの素と水を注ぎ、しめじまたはまいたけ、その他の野菜を入れてコトコト煮る。
4. 好みでパセリを乗せ、レモンをしぼる。

唐揚げ

p.157

材料（2人分）

鶏もも肉（黄色い脂肪を取り、一口大に切る）……1枚
酒……大さじ1
しょうゆ……大さじ1
しょうが、にんにく……適量
卵（溶く）……1個
片栗粉……小さじ2
小麦粉……小さじ2
サラダ油……適量

作り方

1 鶏もも肉をボウルに入れ、酒としょうゆをもみこむ。好みでしょうが、にんにくを加える。

2 ボウルに卵を入れ、鶏肉にからめて5～10分置く。

3 鶏肉をペーパータオルで拭き、片栗粉と小麦粉をまぶす。

4 油を鍋に1cmほど注ぐ。油が170度になったら鶏肉の皮目を下にして入れ、表裏2分ずつ揚げる。

5 一度鶏肉を引きあげ、油を190度まで熱して、鶏肉を入れて30秒ほど再度揚げる。

野菜の揚げ浸し

p.159

材料（作りやすい量）

ピーマン（乱切り）……2個
ズッキーニ（半月切り）……½個
なす（いちょう切り）……2個
ゴーヤ（半月切り）……½本
サラダ油……適量
めんつゆ……200ml（だし汁200ml、しょうゆ大さじ1、みりん大さじ1でもOK）

作り方

1 鍋にサラダ油を1cmほど注ぐ。油が170度になったら野菜を入れ、1、2分ほど揚げる。

2 野菜が揚がったら熱いうちにバットに入れたつゆに浸す。

鮭の南蛮漬け

p.160

材料(2人分)

鮭 …… 4切れ
玉ねぎ(薄切り) …… 1個
にんじん(薄切り) …… 小1本
片栗粉 …… 適量
小麦粉 …… 適量
サラダ油 …… 適量

■つけ汁
だし汁 …… 200ml
酢 …… 200ml
しょうゆ …… 大さじ4
砂糖 …… 大さじ4

作り方

1. ボウルにつけ汁の材料を合わせ、玉ねぎ、にんじんをつけ込んでおく。
2. 鮭に片栗粉と小麦粉をまぶす。
3. 鍋にサラダ油を170度に熱し、鮭を全体を返しながらこんがり揚げる。油を切って冷ます。
4. 再び油を熱し、再度揚げる。
5. 鮭を油からあげ、すぐにつけ汁につけ込む。

コロッケ

p.163

材料(2人分)

じゃがいも(蒸してつぶす) …… 5個(300g)
┌ 洋風スープの素 …… 小さじ1
└ 生クリーム(あれば) …… 大さじ1
玉ねぎ(みじん切り) …… 1/2個
牛豚あいびき肉 …… 200g
バター …… 10g
塩、こしょう …… 少々
クミンシード、パセリ(あれば) …… 少々
小麦粉 …… 大さじ2
卵(溶く) …… 2個
パン粉 …… 適量
サラダ油 …… 適量

作り方

1. ボウルにじゃがいもと洋風スープの素と生クリーム(あれば)を入れて混ぜる。
2. フライパンにバターを熱し、玉ねぎとあいびき肉を炒め、塩、こしょうで味つけする。
3. **1**に**2**を混ぜる。あればクミンシードやパセリを加える。
4. **3**を4～5センチほどの平らな丸に成形する。
5. 小麦粉、卵、パン粉を順につける。
6. 鍋にサラダ油を熱し、170度できつね色になるまで両面を揚げる。

Staff

photographer　深澤慎平
designer　矢部あずさ（bitter design）
writer　杉本透子
special thanks　クックパッドをご利用のみなさん
器協力　Komerco

ちょっとの丸暗記で外食レベルのごはんになる

2020年 6 月 1 日　第 1 版第 1 刷発行
2020年 8 月21日　第 1 版第 4 刷発行

著者　小竹 貴子
発行者　村上 広樹
発行　日経BP
発売　日経BPマーケティング
〒105-8308　東京都港区虎ノ門4-3-12
URL https://www.nikkeibp.co.jp/books/
校正　加藤義廣（小柳商店）
編集　中野亜海
本文DTP　フォレスト
印刷・製本　大日本印刷

本書籍に関するお問い合わせ、ご連絡は下記にて承ります。
https://nkbp.jp/booksQA

ISBN 978-4-8222-8867-9